高校生の学びと
成長に向けた
「大学選び」

偏差値もうまく利用する

溝上 慎一
［著］

東信堂

はじめに――本書で説く「大学選び」

本書は、まず大学進学を考えている高校生向けに書かれています。高校生に話しかけるように書かれていますが、高校生を指導する高校教員、関連の教育関係者にも読んでいただきたいと思います。

私が説く「大学選び」の基本的視座は次の三点です。

①大学進学がゴールではない。大学で、そして仕事・社会で生涯にわたって学び成長するための「大学選び」を行うこと
②「大学選び」のプロセス自体が、ライフ（大学・仕事・社会）に対する見方・考え方を養う成長の機会となること
③偏差値は能力のレベルを見る時に利用すること

これらの基本的視座に立って、本書の第1部では五つの「大学選び」のポイントをお話しします。おそらく ポイント2 、ポイント3 、ポイント5 はこれまでの「大学選び」のガイドブック等では説かれてこなかった新しいポイントだと思います。「大学選び」の視座が変わると、これくらいポイントが変わるということかもしれません。

ポイント1 将来の見通しを持つ

ポイント2 「大学で何を学びたいか」からではなく、「将来どのような職業に就きたいか」から「学部選び」を行う

ポイント3 大学がアクティブラーニング型授業を積極的に推進しているかを調べる

ポイント4 偏差値をうまく利用する

ポイント5 三大都市圏以外の大学を選択肢に含める

本書で示す「大学選び」に関する基本的視座は、かつての時代と比べて社会が構造的に大きく変化し、それを背景として大学進学の社会的意義もまた変化していることに基づいています。

その変化の特徴を端的にまとめれば、**「将来の就職や安定した生活のために社会が「大学選び」の視点を与える時代」**から、**「自らの見方や考え方に従って「大学選び」を行い、ライフ（大学・仕事・社会）を自身で充実（学び成長）させる時代」**への転換であると言えます。ですから本書で、自らの「大学選び」を行うための基本的視座やポイントは示しますが、たとえば高い偏差値や高いランクとしての「良い大学はどこか」といったことを示すことはしません。

　近年の学校教育改革において、与えられる知識を「習得」すれば良かった時代から、知識を「活用」「探究」していく時代への転換が叫ばれています。基礎知識や技能の習得が十分でないと、求められる活用・探究も充実したものとはならないことから、学習指導要領では二〇〇八年の改訂から「習得・活用・探究」のセットフレーズが用いられています。「習得」を基礎として「活用」「探究」の力を育てよ、という学びの過程の実現です[1]。

　この習得・活用・探究の学びの過程は、「大学選び」にも適用して理解されます。高校生が自らの見方・考え方によって大学を選ぶことは、「活用」「探究」に相当します。しかし、自らの「大学選び」を行うためには、大学選びに関する基本的視座やポイントが必要です。「習得」に相当する部分です。こうして、「大学選び」においても習得・活用・探究の力が求められており、自らの「大学選び」を通して、自らの「ライフ」（大学・仕事・社会）に対する見方・考え方を養う機会ともなります。「大学選び」のプロセスが大学、さらには将来の仕事・社会に向けた学習ともなるわけです。

昭和・平成の時代は、より高い偏差値やより高いランキングの「有名大学」に進学する方が、就職や人生に有利だという「成功の方程式」がありました。しかし昭和・平成の時代と違って、「大学選び」を取り巻く全体のマップは相当変わっています。「成功の方程式」が完全に無くなったわけではありませんが、これだけ将来安泰・高収入と言われた大企業が経営破綻あるいは不安定化し、さらに人の生き方やライフスタイルが多様化した現代において、これまでの「成功の方程式」がそのまま有効であるとは考えられません。

グローバル化が高度に進んだ今日において、日本の象徴的なトップである東京大学が必ずしも最も良い大学であるとは限らなくなっています。海外に目を向ければ、東京大学よりも高いランクの大学、あるいは東京大学と肩を並べる大学はたくさん見出されます。早稲田大学・慶應義塾大学がお互いライバル関係として競い合っているなどと思っているのは、この業界の変化を知らない一般の人びとだけで、当の大学は互いを気にしながらも、目は世界に向いています。そんな話を先日関係者から聞きました。海外の大学を選択肢に入れるだけで、日本の大学の序列や立ち位置は相当違って見えてきます。そして、このような視座で日本の大学を見渡していけば、「ここで学び成長したい！」と思う大学が、きっと社会から示される「有名大学」以外にもあるだろうと思います。

今大学は、予測困難で変化の激しい問題解決の社会に有為な人材を育て送り出そうと、さまざまな教育改革を行っています。そのテーマは、国際化・グローバル化、地域創生、医療・福祉、データサイエンスといった社会の課題に関連する専門領域、そして、本書で「大学選び」の**ポイント3**としてお伝えするアクティブラーニングや**PBL**（プロジェクト型学習）などの社会人になって必要となる資質・能力を育てる人材育成など多岐にわたります。まさに、社会にある課題の数だけテーマはあると言えます。**個々の「有名大学」がこれらすべてをテーマとして教育改革しているはずはなく**、その意味において、生徒の興味・関心や人生目標に関連するテーマが、ある特定の「有名大学」で必ずしも取り組まれているとは限らないことを知っておく必要があります。

こうして本書が、自分は将来何をしたいか、仕事や人生に何を求めているか、その上でどの大学で学び成長したいかが「大学選び」の重要なポイントだと主張することになります。**自らの興味・関心や人生目標に関連するテーマに取り組む大学が「有名大学」にもあり、それ以外の大学にもあります。**大学進学は自身の将来への大きな教育投資なのですから、全国の大学をしっかりリサーチして、そしてキャンパスや大学の雰囲気なども併せて、自分が「ここで学びたい！」と思える大学を見つけてほしいと思います。そのことが、大学での学びを充実させるのはもちろんのこと、将来における学びと成長の基礎作りにもなることでしょう。

偏差値についても一言述べておきます。**本書は偏差値の利用を否定する立場ではありません。むしろ、自分のためにうまく利用してほしいと考える立場です。** ポイント4 で示すように、三大都市圏や医療系の学部・学科、国立大学など、ある条件を持つ大学を受験する時に偏差値は重要な指標となります。また、総合型選抜や学校推薦型選抜等で受験し教科の試験がない場合でも、自分の能力に合ったレベルの大学かどうかを見定めるのに偏差値は参考になります。共に学ぶ学生たちの能力のレベルが低すぎたり高すぎたりすると、自身の能力を高めるための学びと成長の場になりません。大学は知識を学ぶだけの場ではなく、他の学生と議論したり協働で活動したりして自らの能力を高める場でもあるのです。

本書は、高校生向けの本として書かれているので、第1部から第3部のシンプルな構成としています。

第1部では、冒頭に示した「大学選び」に関する五つのポイントについてお話しします。

第2部では、「大学選び」に関する高校生からの質問に私が回答します。正解はありませんが、本書の立場に立つとどのような回答になるかということを示しています。なお質問は、高校生を対象にした「大学選び」の講演やセミナーで実際に受けてきたものを採用しています。

第3部では、ポストコロナの「大学選び」について考えを述べます。「大学入試改革元年」と呼ばれてきた年と新型コロナウィルスの感染拡大の年が重なりましたので、状況が見えにくくなっている部分はありますが、そのあたりを整理して、第1部の五つのポイントがポストコロナでどのように有効となるかをまとめておきました。

最後にお断りです。

本書は、自らの見方・考え方を養い、それに基づいて「大学選び」を行う、ライフ（大学・仕事・社会）を充実させること（学びと成長）を基本的視座としています。したがって、本書でどの大学がお勧めだといった情報は示さないようにしています。私の牽引する桐蔭横浜大学もいろいろ頑張っていて、著者の特権で紹介したい気持ちもあるのですが、一切していません。他にもお勧めしたい大学を頭に浮かべながら執筆しましたが、紹介しませんでした。ただ、話の流れでどうしても実名を挙げないとイメージを持ってもらえない場合があり、一部実名で大学を紹介しています。

高校生にイメージしてもらいやすいように、大学の授業等風景のイメージ写真を何枚か挿入しています。ネガティブな要素を伝える場合があるので、私が教えてきた京都大学での授業風景、今私が学長をしている桐蔭横浜大学の授業風景の写真を使っています。すべて許可済みのものです。しかし、それで京都大学や桐蔭横浜大学の授業がダメだということではありませんので、誤解のないようにお願いします。あくまで高校生の皆さんに、イメージがあまり湧かない大学の中の世界を具体的なイメージをもって知ってもらおうとしてのものです。

本書では「大学選び」とタイトルをつけていますが、「短大選び」についても同じことが言えます。第2部の高校生からの質問の中には、専門学校や短大についてのものもありますので、うまく活用していただければ幸いです。

注

1　習得・活用・探究の学びの過程が、学校教育でどのように求められているか、さらには将来の仕事・社会におけるパフォーマンスとどのように関連すると考えられているかは、溝上（2020a）を参照のこと。

目次／高校生の学びと成長に向けた「大学選び」――偏差値もうまく利用する

高校生の学びと成長に向けた「大学選び」
——偏差値もうまく利用する

第1部　自身の「大学選び」の質を高める五つのポイント

第1部では、「はじめに」で示した基本的視座を踏まえて、自身の「大学選び」の質を高める五つのポイントをお話しします。これらを押さえることで「大学選び」の質は格段に高まり、自身のライフ（大学・仕事・社会）に対する見方・考え方を養うことにもなります。

第1章　**ポイント1**　将来の見通しを持つ
第2章　**ポイント2**　「大学で何を学びたいか」からではなく、「将来どのような職業に就きたいか」から「学部選び」を行う
第3章　**ポイント3**　大学がアクティブラーニング型授業を積極的に推進しているかを調べる
第4章　**ポイント4**　偏差値をうまく利用する
第5章　**ポイント5**　三大都市圏以外の大学を選択肢に含める
第6章　（おまけ）中小企業はおもしろい！――大企業だけが企業ではない

第1章　ポイント1　将来の見通しを持つ

第1節　あなたの二つのライフのステイタスは？

まず、次の質問に回答してみてください。理屈は後で説明します。

問1　あなたは、自分の将来についての見通し（将来こういう風でありたい）を持っていますか。いずれかの番号に○をつけてください。

1．持っている
2．持っていない

問2　問1で「1」を回答した人のみにお尋ねします。「2」を回答した人は次へ進んでください。
あなたは、その見通しの実現に向かって、今自分が何をすべきなのか分かっていますか。またそれを実行していますか。最も近い番号を一つお知らせください。

1．何をすべきか分かっているし、実行もしている
2．何をすべきかは分かっているが、実行はできていない
3．何をすべきかはまだ分からない

この質問は、**「二つのライフ」**と呼ばれるものを測定するものです。「二つのライフ（two lives）」とは、**将来の見通し**（future life）と**現在の生活**（present life）における理解実行の二つのライフ（将来のライフ＋現在のライフ）を組み合わせた概念です。

まず問1で、将来の見通しを持っているかが質問されます。「見通しあり」と答えた人には問2で、「その見通しを実現するために何をすべきか分かっているか（「理解」）、そして「実行」しているかが質問されます。こうして、問1と問2の二つの回答を組み合わせて、**図表1**に示す〝①見通しあり・理解実行〟〝②見通しあり・理解不実行〟〝③見通しあり・不理解〟〝④見通しなし〟の四つのステイタスが判定されます。さて、あなたのステイタスはどれでしょうか。

図表1　「二つのライフ」のステイタス判定

問1	問2		あなたの二つのライフ判定
1．持っている	1．何をすべきか分かっているし、実行もしている	↓	①見通しあり・理解実行
1．持っている	2．何をすべきかは分かっているが、実行はできていない	↓	②見通しあり・理解不実行
1．持っている	3．何をすべきかはまだ分からない	↓	③見通しあり・不理解
2．持っていない		↓	④見通しなし

第2節　二つのライフは人の学びと成長を促進する

図表2に大学生を対象としたデータから、二つのライフと学習意欲との関連を示します。〝①見通しあり・理解実行〟は、「自分では積極的に学習していると思う」「常に学びたい気持ちがある」といった学習意欲の項目で、他のステイタスに比べて高い得点を示します。他方で、〝④見通しなし〟は低い得点を示します。〝②見通しあり・理解不実行〟〝③見通しあり・不理解〟は①④の中間に位置します。

同様に**図表3**（A：授業で身についた　B：授業外で身についた）に、同じデータを用いて分析した二つのライフと資質・能力との関連を示します。資質・能力の項目によって、また授業（A）、授業外（B）で身についたかによって若干異なりますが、①が最も高い得点を示しており、④が最も低い得点を示しています。②と③はその中間に位置するという同じ傾向が見て取れます。このような傾向は、多くの他の関連の分析でも同様に認められています[2]。

昔ながらの高校教員の中には、「将来のことは大学生になってから考えればいい」と助言する人がいます。しかし、昔と違って、中学校・高校でこれだけキャリア教育が一般的に行われ

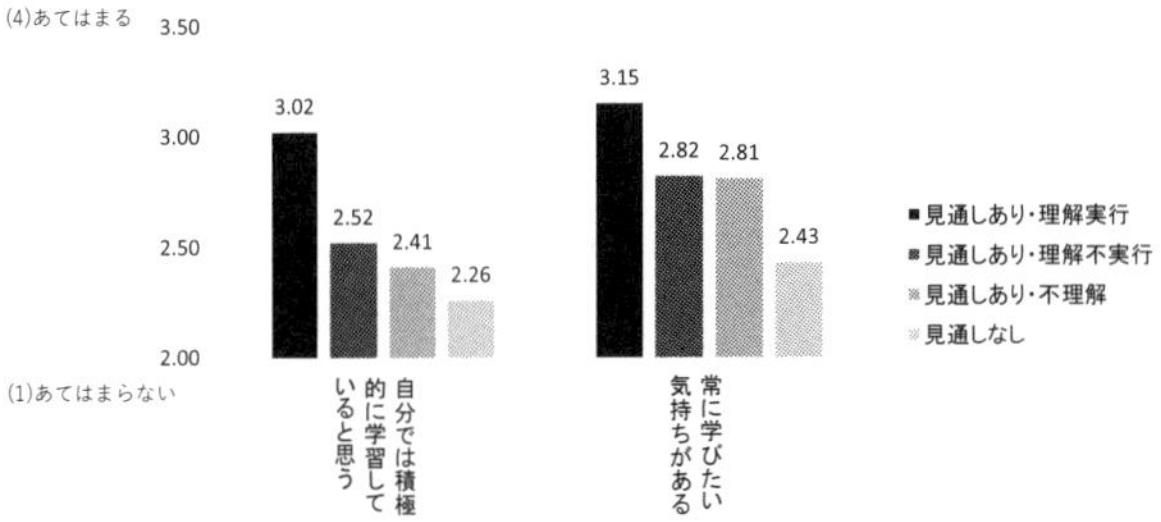

図表2　大学生の二つのライフと学習意欲

※保田・溝上(2014)のデータと同じものを用いて、本書向けに項目を変えて再分析したものである。調査は2007年11月にインターネットリサーチ(電通リサーチ)により実施。回答者は全国の大学1・3年生2,013人(1年生988人、3年生1,025人、男性1,075人、女性938人)

※データは古くなっているが、保田・溝上(2014)に合わせてこのようにしている。なお、最新の『大学生のキャリア意識調査2019』(電通育英会主催 https://www.dentsu-ikueikai.or.jp/transmission/investigation/about-2/)のデータを用いて分析しても同様の結果は得られている

るようになった中で、それでも高校生までの間に将来の見通しが持てない〝④見通しなし〟の人は、**大学生になってもおそらく見通しを持てないままだろう**と、高い確率で予測されます。このテーマのデータはずいぶんと出そろってきています[3]。その人たちは、大学生になっても将来のことをあまり考えることなく過ごし、三年生後半期の就職活動を迎え、再び将来の見通しを迫られます。将来の見通しは、言わば学力のようなもので、それまで学んできたことを基礎として積み上げていくものです。**高校生までの間に将来のことを考えてこなかった人は、大学生になっても考えませんし、考えようと思ってもそう簡単に考**

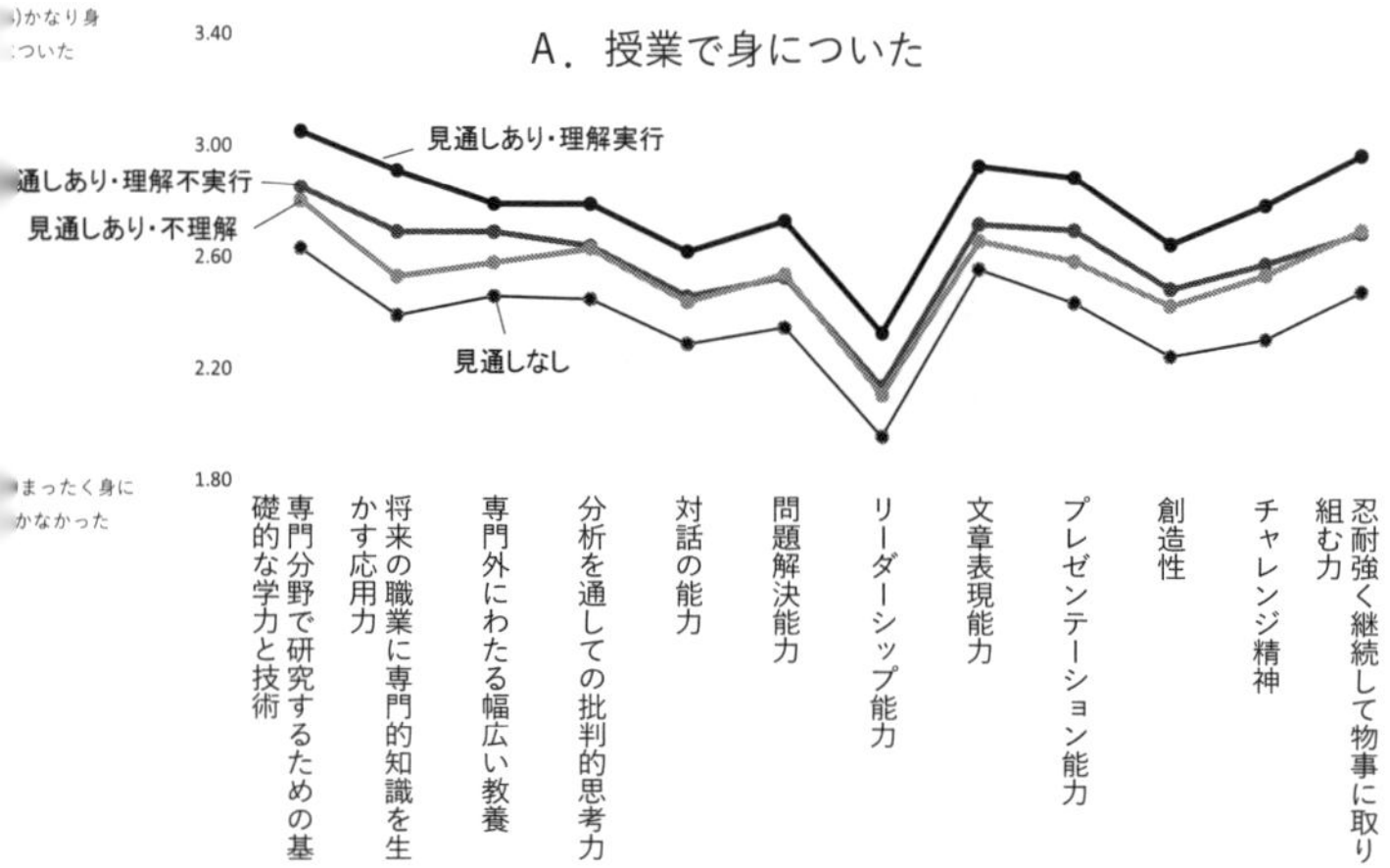

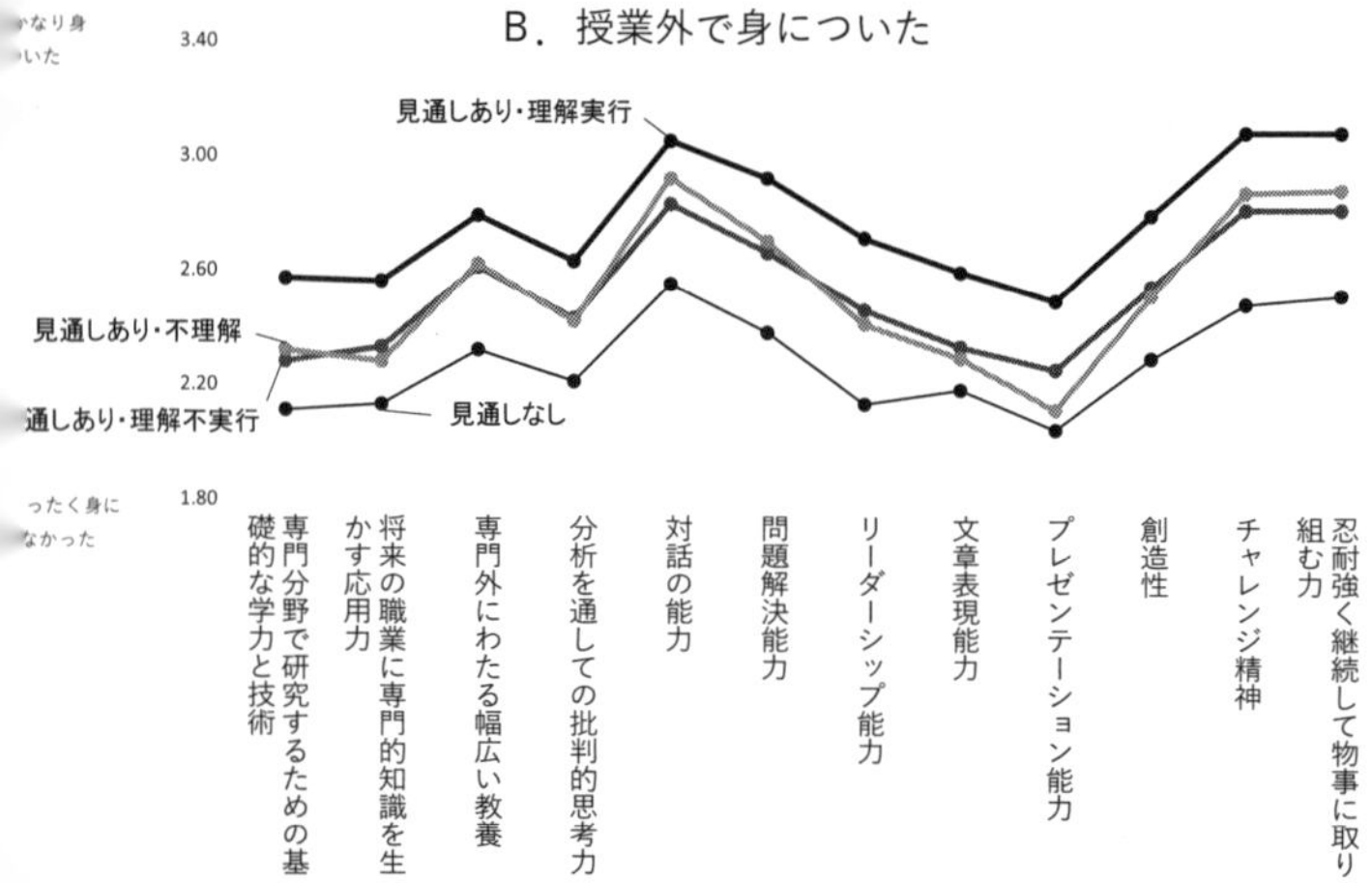

図表 3　大学生の二つのライフと授業・授業外で身についた資質・能力

※データについては図表 2 の注に同様である

えられないものです。[4]

「大学選び」の作業を通して、二つのライフの〃①見通しあり・理解実行〃を目指して頑張ってください。まだ高校生ですから決して遅くはありません。

注

2　大学生における二つのライフのステイタスの特徴は、溝上責任編集（2018）で実証的な結果がまとめられている。

3　河合塾「高校2年生から大学4年生まで生徒はどう変わったか？」ウェブサイト『10年トランジション調査』中間報告（『Be a Learner―未来のマナビを考える―』https://be-a-learner.com/5296/）

4　高校生のキャリア意識が高校生の間の学びと成長はもちろんのこと、大学生になってからの学びと成長にも影響を及ぼすことは、溝上責任編集（2015, 2018）を参照のこと。

第2章　ポイント2　「大学で何を学びたいか」からではなく、「将来どのような職業に就きたいか」から「学部選び」を行う

第1節　なぜ「将来どのような職業に就きたいか」から始めるのか？

二つ目のポイントは、「大学で何を学びたいか」からではなく、「将来どのような職業に就きたいか」から始めて「学部選び」を行うことです。なお職業を考える時に、一般的に関連するのは「大学」ではなく専門分野を表す「学部」の方ですから、ここでは「学部選び」として話をしていきます。また、専門分野は、参考程度のものですが、次のようなものを指すとします。本書でこの後何回も大学での「専門分野」という言い方をしていきますから、ここで確認してください。

- 人文科学系（文学・教養・外国語・哲学・歴史学・教育学など）
- 社会科学系（法学・経済学・商学・社会学など）

- 理科系（理学・工学・農学など）
- 芸術系（美術・音楽・デザイン学など）
- 文科系でもあり理科系でもある（国際、文化、情報、心理学など）
- 四年制の医療系（薬学・看護学・リハビリテーション学・社会福祉学など）
- 六年制の医療系（医学・歯学・薬学など）

誤解の無いように先に補足すると、「大学で何を学びたいか」も「将来どのような職業に就きたいか」も、両方ともとても大事な「学部選び」のポイントです。大学に出す志望理由書などには、「大学で何を学びたいか」を書かないと落とされます。しかしここでは、「将来どのような職業に就きたいか」から考えて、次いで「大学で何を学びたいか」について考えるという順序で、「学部選び」のポイントを説きたいと考えています。

理由は、**得意な教科、好きな教科から学びたい内容を考えて「学部選び」をすると、多くの場合就職活動を開始する大学三年生になって、結局は自分がどのような職業に就きたいかをそこで考えなければならないからです。**あるいは、**せっかく就きたい職業が見つかっても、学ん**

できた学部と異なることで断念せざるを得ないことがあるからです。ここで苦労する学生が多くいます。しかも、将来の職業と繋げて「学部選び」をしていないために、大学に入学してから就職活動までの約三年間、将来の職業と大学での学びと成長とを分けて過ごすことになり、もったいないことにもなります。中には、このせいで将来のことをほとんど考えずに大学生活を過ごすことになる人も少なくありません。将来のことを考えずに過ごす学生の学びと成長が弱いことは、第1章で説明した通りです。

第2節　就きたい職業から見る「学部選び」

第1節の話を理解すれば、次の話は、将来就きたい職業から見る「学部選び」についてです。(1)〜(4)に分けて話をします。基本的には該当するもの、興味のあるものを読んでください。

(1) (国家等) 資格を要する専門職
(2) 理科系の技能系専門職

(3)企業や官公庁等の総合職・一般職

(4)その他

なお、大卒の人が一般的に就く職についての話をしたいため、起業家や政治家、作家、俳優、タレント、音楽家、伝統芸能家、画家、美術家、プロのスポーツ選手、宗教家など、個人の技芸や能力、信念などで職となるものについては、ここでの話から除外します。また、大卒を前面に出して問わない職種についても、ここでの話からは除外します。

(1)(国家等)資格を要する専門職

二つに分けてお話をします。

①大学版専門学校としての専門職養成の学部

①の代表例は、医療系学部や教員養成系の学部でしょう。そこでは、医療従事者(医師や看護師、理学療法士、薬剤師など)や小中学校の教諭などの、国家資格や免許等を要する専門職を目指します。これらの学部は言わば大学版の専門学校であり、国家試験等の合格まで目指した専門職

養成のカリキュラムを組んでいます。

②　①以外の専門職に直結する学部

大学版の専門学校としての学部ではありませんが、国家資格や免許等の専門職を目指す学部というのもあります。最も歴史があり代表的なものは法学部であり、法曹三者（裁判官・検察官・弁護士）の職でしょう。学部に所属する学生の多くがそのような職を目指さないことは珍しくありませんが、将来この職に就きたい人の多くは法学部を選びます。法曹三者を目指す法科大学院への進学の際にも、法学部卒は他学部卒よりも有利な資格となります。他にも、臨床心理士などのカウンセラー養成もこの②に含めていいと思います。

さて、①②の違いはありますが、これらの専門職を目指す人にとって「学部選び」はそんなに難しい作業ではないだろうと思います。その意味では、本書でこの人たちにお伝えするポイントは、むしろ「大学選び」の方となります。たとえば、主に一・二年生段階でのいわゆる一般教養科目をどの程度充実させているか、単科大学で同じ専門を学ぶ学生ばかりの集団なのか、総合大学で他の学部の学生との交流もあるのか、アクティブラーニングやプロジェクト型学習などの教育方法をどの程度充実させているかなどを見ていくことで、**同じ学部名であっても、四年間（六年間）の学びと成長あるいはそれを促す教育環境は大学によって相当異なってくること**がわかります。これについては **ポイント3** を併せて読んでください。

(2)理科系の技能系専門職

図表4のイメージ写真に代表される、主に理科系の基礎的な専門知識（微分積分や線形代数、力学など）・技能（試薬の使い方や実験・解析の仕方など）を踏まえた企業・官公庁等の技能系専門職に就きたい場合には、理科系学部の大卒、大学院修士課程の学位が求められることが一般的です。なお、食品会社の商品開発や銀行や商社の総合研究所のような理科系の専門的技能を前提としない研究開発職もたくさんあります。これについてはここでは除外します。

(1)の（国家等）試験を受けて合格することで有資格者になる専門職とは違い、学部や大学院の課程を修了して学位を取得することが有資格者の条件となります。技能系の専門職ですので、企業や官公庁等で職に就いた時、大学・大学院で学んだ、あるいは研究した内容と直結する仕事に従事することはさほど多くありません。たとえば工学系の大学・大学院の機械工学科で学んだからといって、就職先が機械工学に関する企業であるとは限りません。機械工学に関する製品・技術開発で有名な企業に就職したとしても、職場は機械工学に直結する部署ではないかもしれません。就職時に企業から求められるのはあくまで理科系の基礎的な専門知識と技能を身につけているかどうかです。大学で学んだ、研究した内容が企業の製品や技術開発に直結して役立つことはそう多くないと思っていた方がいいかもしれません。企業の研究開発で求められる直結する知識や技能は、入職してから教えられます。言い換えれば、ある程度の短い期間で教えられる程度の理科系の基礎的な専門知識と技能が学ばれていれば、企業にとって採用する人の出身学部・大学院は工学で

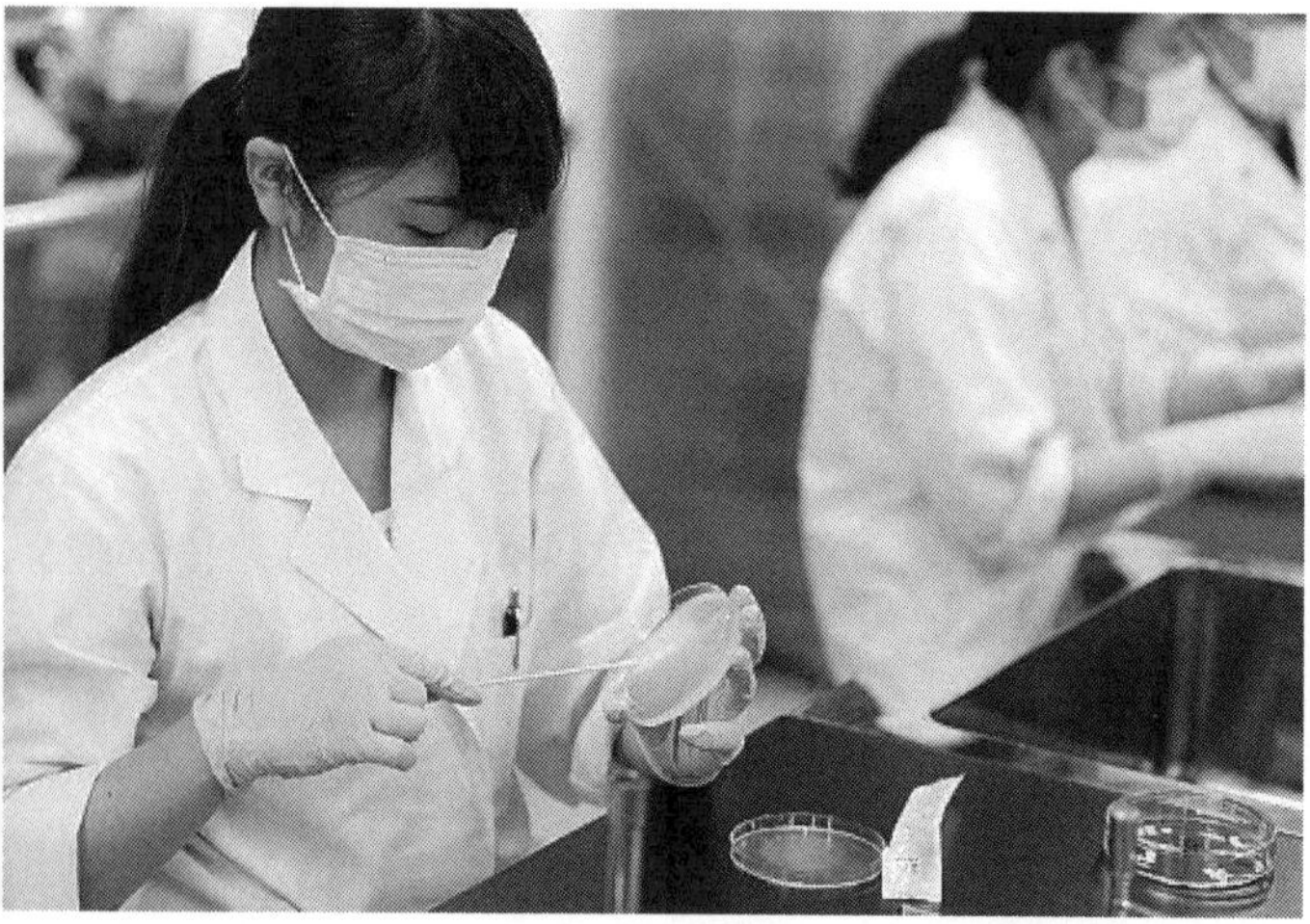

図表４　企業・官公庁等での理科系の技能系専門職

（イメージ写真）

なくても、農学でも理学でも学際・総合系でも何でもいいということになります。

さて、理科系の技能系専門職を目指す人の「学部選び」は、興味のある科目やそれに関連する学科・コースを調べて、自分の学びたい専門分野（理学・工学・農学・データサイエンスなど）を選べばいいと思います。理科系の学部であれば、専門分野の基礎知識を学ぶだけでなく、実習や実験等もセットとなって技能の習得も目指されます。ここでのポイントは、まず「将来どのような職に就きたいか」という問いに「理科系の技能系専門職に就きたい」と回答し、その上で「大学で学びたいことは何ですか」という問いに答えるという順序で「学部選び」を行うことです。

なお、(1)で述べたことと同様に、**同じ学部名であっても、四年間の学びと成長あるいはそれを促す教育環境は大学によって相当異なっています。**就職活動では、専門的技能を身につけていることを前提として、とくに主体性やコミュニケーション力、問題解決力などが見られますので、これらについては**ポイント3**を併せて読んでください。

⑶企業や官公庁等の総合職・一般職

株式会社Canvasのウェブサイト[5]では、「総合職」「一般職」は次のように説明されています。総合職とは、管理系部門（人事・総務・経理・法務など）・企画部門・営業部門などの「事務系総合職」と、研究・開発・設計・生産・品質管理などの製品やサービスに関わる「技術系総合職」とがあります。また一般職は、書類作成などの事務作業から顧客対応まで、主に総合職の仕事をサポートする職です。厳密に言えば、企業・官公庁等によって総合職・一般職の扱いは異なりますが、一般的には、総合職は組織の中核業務を担う職であり、一般職はその補助職と言えます。前項の⑵理科系の技能系専門職も「総合職」の一つとして理解できますが、ここではそれを外して、それ以外の総合職について取り扱っていきます。

一般的に「就職活動（就活）」と呼ばれるものは、⑵理科系の技能系専門職とこの⑶総合職・一般職を目指した活動ですが、絶対数が多いのは⑶です。就職活動＝⑶の人たちの活動とイメージしても間違いではないほどです。業種（業界の種類）には以下のようなものがありますが、一般的にはこれら業種のすべての企業に総合職・一般職はあります。もちろん、多くの中小企業では、総合職・一般職の区別はあいまいか、ない場合もあります。あくまで参考程度のものとしてください。

- 農林漁業
- 鉱業
- 建設業
- 製造業
- 電気・ガス・熱供給・水道業
- 情報通信業
- 運輸業、郵便業
- 卸売業、小売業
- 金融・保険業
- 不動産業、物品賃貸業
- 飲食・宿泊業
- 医療・福祉
- 教育・学習支援
- 学術研究、専門・技術サービス業
- その他サービス業

大多数の人がこの(3)の総合職・一般職に就くという事実が、高校生にとっての「学部選び」と職業との関係を難しいものにしています。というのも、業種は農林漁業からサービス業まで多種多様で、かつどの学部を出ていないと絶対に就職できないということがないからです。例を三つ挙げて説明しますので、まずイメージを作ってください。

一つ目に、**図表5**のイメージ写真を見ながら航空会社に就職したい場合を考えてみましょう。航空会社の直接的な業種は運輸業ですが、いろいろなグループ会社が連結しているので、そこまで含めると、業種は飲食・宿泊業、その他サービス業などにも広がります。航空会社に就職すると言えば、高校生なら空港・飛行機の運用業務に就くスタッフ（パイロット、客室乗務員、グランドスタッフ、運航整備士、グランドハンドリングなど）を思い浮かべると思いますが、実際にはこの他にも、ホテルやケータリング、商社や貨物・物流、販売や予約などの業務の大部分をグループ会社が請け負っています。たとえば、大きな空港のそばには航空会社のホテルがあるでしょう。ホテルのフロントや清掃などのスタッフは、航空会社に勤める従業員です。飛行機に乗れば、食事や飲物などのサービスがあるでしょう。その食事や飲物を提供しているのはケータリングの会社です。もちろんケータリングの会社には、仕入れから調理、運搬等を役割分担する多くの会社が連結しています。また、チケットを予約する時、マイレージについて問い合わせる時、電話やメールで問い合わせる航空会社の部署があるでしょう。それは販売や予約のグループ会社が請け負っています。飛行機は人だけではなく荷物も運びます。それは商社や貨物・物流に関するグループ会社が請け負っています。このように、一口に航空会社に就職する

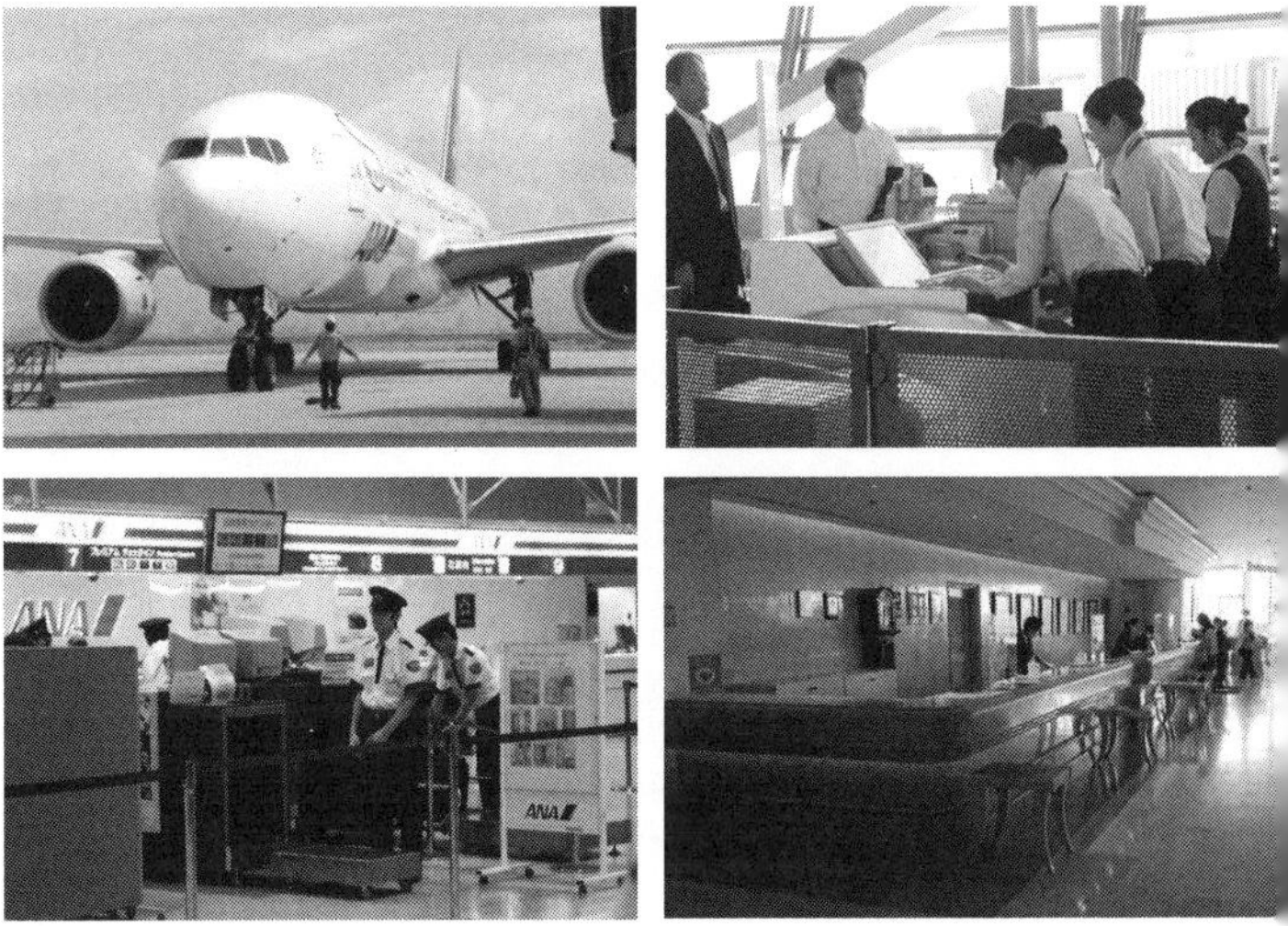

図表5　航空会社・グループ会社で働くスタッフ
（イメージ写真）

と言っても、そこにはパイロットや客室乗務員からホテル・ケータリング等のスタッフまで、さまざまな人たちが大きな航空会社の傘のもとで仕事をしています。職によりますが、基本的には高卒者から大卒者まで、幅広い学歴の人たちがこれらの職に応募します。パイロットや運航整備士等に就くための航空専門学校もありますが、どの大学・学部卒業者にも応募資格は与えられています。ただし、かなり狭き門です。

二つ目に、**図表6**のイメージ写真を見ながら、飲食業や販売の会社に就職したい場合を考えてみましょう。客である時には、お店の調理場やホールのスタッフ、販売員ばかりが目につきます。しかしその裏では、本社や支社で、管

図表6　飲食業・販売会社のお店で働くスタッフ
（イメージ写真）

理系・事務系・企画系総合職、一般職のスタッフが数多く働いています。外食産業、スーパー、コンビニエンスストアなどを全国的、国際的に展開する大企業であれば、とくにそうです。このような会社のとくに総合職のスタッフは、商品を売るためのさまざまな企画や営業等を行いますが（**図表7**のイメージ写真を参照）、お店などの販売等を通してお客様と接することは基本的にはありません。

最後に、私のいる学園も例にしてお話ししましょう。私は大学教授ですが、幼稚園から大学まで抱える総合学園の経営者（理事長）でもあります。学校教育機関ですから表立った教育活動は教員が行いますが、その裏では職員が教員の補助をしたり学園の管理・事務等の職務を担ったりしています。私立の一学校ではありま

図表7　飲食業、販売会社の本社で働く総合職・一般職のスタッフ

（イメージ写真）

すが、学園全体で正規雇用の職員だけでも約一二〇人、嘱託職員、派遣社員、パート職員の非正規雇用の人たちまで入れれば三一〇人います。この中に、たとえば人事労務部や財務部があります。この部署の職員は、学校教育という、先のカテゴリーで言えば「教育・学習支援」に属する企業・官公庁等に勤めていることになりますが、そこでの業務は学園の教職員の人事労務管理や財務処理となります。児童・生徒・学生をキャンパス内で見ることはありますが、仕事で子供たちと関わることは多くありません。財務部であれば、児童生徒などから納付された授業料等の会計処理、教職員への給料、手当や残業などの計算、銀行とのやりとり・出入金などが主な仕事となります。

以上のような総合職・一般職に就こうとする場合、乱暴に一般論を言えば、**学部は何を選んでも就職に大きな制約はなく、**

どの学部からも先の農林漁業からサービス業までのあらゆる業種の職に応募することができます。「学部選び」は、⑵理科系の技能系専門職と同様に、興味のある科目やそれに関連する学科・コースを調べて、自分の学びたい専門分野を選べばいいと思います。

とはいえ、とくに総合職では、必ずしも希望する部署に配置されるとは限らないことを知っておく必要があります。学びたい専門分野から学部を選べばいいという話と、会社に入って好きな仕事ができるということとはまったく別のことです。ここが総合職の難しいところです。たとえば、食品会社の商品開発に携わりたいと希望してうまく食品会社に就職できたとしても、配属された先は営業であったりすることが少なからず起こります。私の知るある学生は、学生のキャリアや就職を支援する仕事をしたいと希望して大学職員になりましたが、配属されたのは財務部でした。学生と接することはほとんどなく、毎日お金に関する経理処理をしています。

でも、私はこのことを否定的に捉えてはいません。高校生の皆さんにも悲観的に捉えないでほしいとお願いします。会社や官公庁等は、その人の強みや志向性、組織全体を見渡してこの人をここに配置させて組織全体を発展させたいと考えます。個人の希望に添わなかったことは残念なことでしょうが、それはそれで受け止め、与えられえた部署での仕事を自分なりにおもしろくして発展させていく、会社の発展に貢献していく、このような気持ちが私は大切なことだと思っています。自分の狭い視野の中で理解できる好きなことを考えていた状態から、今まで知らなかった新しい世界へ誘われたと理解して頑張れば、どんな仕事でも、財務の仕事でも、絶対おもしろくなると思います。希望する食品会社に採用されず、たとえば総合雑貨の会社に就職したとしても、そこでの仕事を自分の好きなことにしていけばいいと思います。いや、どんな会社でもどんな仕事でも、自身が本気で頑張って取り組めば、仕事は絶対おもしろくなると思います。いや、そうなるように頑張るべきだと思います。

そして、⑴⑵と同様のことをここでも付け加えます。つまり、学びたい専門分野から選んだ**同じ学部名であっても、四年間の学びと成長あるいはそれを促す教育環境は大学によって相当異なっています**。就職活動では、とくに主体性やコミュニケーション力、問題解決力などが見られ、そのような力を身につけてきた人なのかが問われます。学部の専門分野よりもこちらの方が重要です。**ポイント3**を併せて読んでください。

⑷その他

将来どのような職業に就きたいかという自身の答えを、ある程度でいいので見出してから「学部選び」を行うべし、という考えを提案してきました。かなりの部分は⑴〜⑶でカバーして説明していると思いますが、ここでは「その他」として若干補足をします。

第一に、学部での学びに直接関係しない形で、就ける専門職があります。中学校・高校教諭の免許は代表的な例です。理学部であれば数学科・理科の免許、文学部であれば国語科の免許、法学部であれば社会科の免許など、学部固有の対応は一定程度ありますが、中学校・高校教諭の免許を取得することができます。そして、実際に教員になる人が多くいます。中学校・高校教諭という職を選んでおけば、「学部選び」では学びたいことを自由に学ぶという選択肢を取ることができます。もっとも、すべての大学・学部に教職課程があるとは限らないので、「大学選び」の作業の一つとして事前にしっかり調べる必要があります。

第二に、二〇一九年度から開学が始まった専門職大学には、⑴（国家等）資格を要する専門職に該当する、たとえばびわこリハビリテーション専門職大学のような大学が一方であり、他方で、国際ファッション専門職大学や芸術文化観光専門職大学のように、⑵理科系の技能系専門職に近い大学として理解することができるものもあります。前者のリハビリテーションのようなものはわかりやすいので、(1)で説明したことを確認してください。後者のファッションや芸術文化などは、(1)の専門職と違い国家等試験を受けて有資格者になるのではなく、教育課程を修了することで有資格者としてその分野の道が開かれるようなものと理解できます。もちろん、この手の専門職は個性ある才能やセンスを強く求める職業ですので、有資格者だから必ずその道の専門職に就けるとは限りません。(3)の総合職・一般職と同じレベルで考えることはできない、競争の激しい職であることは知っておいてください。

注

5　株式会社Canvas ウェブサイト「総合職と一般職との違いは?キャリア選択で迷った際のポイントについても解説」(https://mynavi-agent.jp/dainishinsotsu/canvas/2020/12/post-418.html) 二〇二一年四月一五日アクセス

第3章　ポイント3　大学がアクティブラーニング型授業を積極的に推進しているかを調べる

三つ目のポイントは、「大学選び」の際に、大学がアクティブラーニング型授業を積極的に推進しているかどうかを調べることです。現代は社会・時代の転換期だからこそ新たに主張される「大学選び」のポイントです。

第1節　なぜ大学のアクティブラーニング型授業の積極的推進を調べるのか

これまでの「大学選び」で、ポイント3はほとんど説かれてこなかったと思います。今なぜ求められるのでしょうか。

理由は簡単です。**図表8**のイメージ写真に示されるような**資質・能力（議論する力、発表する力など）が、かつてにはない重要性をもって、仕事の世界で強く求められている**からです。このような資質・能力がこれまで求められていなかったわけではありません。しかし、現代社会で求められるこれらの資質・能力はかつての比ではありません。知識が高度に発展し、社会が情報化・グローバル化し、さまざまな知識や情報を、さまざまな人たちとコミュニケーション力や問題解決力等をもって操作していくことが、現代社会では求められるようになっています。

第2節　高校でもアクティブラーニングは行われているでしょう。大学も同じです

高校生の皆さんは、学校によって頻度や程度は違うと思います

図表8　総合職に求められる資質・能力（議論する力、発表する力など）

（イメージ写真）

が、**図表9**のイメージ写真に示すようなアクティブラーニング（グループワーク、発表等）が授業の中で行われているのではないでしょうか。先生の講義を聴く時間があり、他方で自分の理解や考えを書き出したり、グループで議論したり発表したりするようなアクティブラーニングの時間もあるでしょう。アクティブラーニングは、皆さんの社会人に向けて必要な資質・能力を育てる学習法だと考えられています。

大学でも同じで、大学の授業のアクティブラーニング型への転換は全国的に進んでいます。高校よりも七〜八年早く推進が始まりましたので[6]、その意味では「進んでいます」ではなく、「高校と違ったもっと本格的なアクティブラーニング型授業が提供されています」と言うべきところですが、実際はあまりうまく進んでいません。

はっきり言えることは、**図表10**のような受け身で聴くだけの

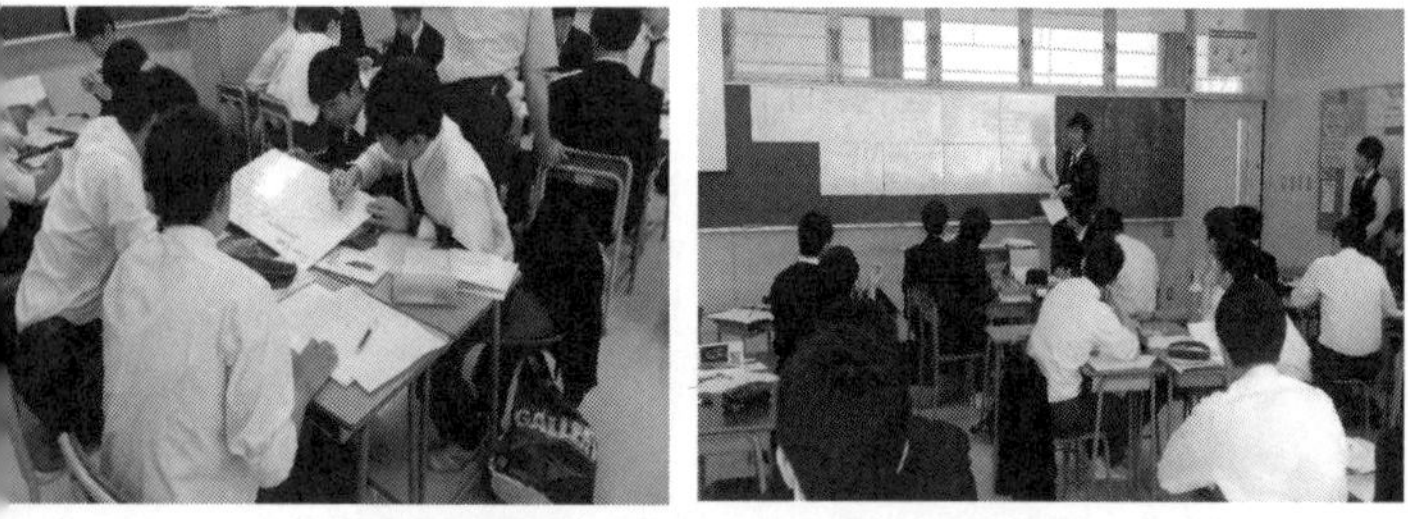

図表9　新学習指導要領のもと高校以下で進むアクティブラーニング（議論する力、発表する力など）

（イメージ写真）

図表 10　大学での大人数の講義授業

（イメージ写真）

大人数講義の授業では、資質・能力を高めることはできないということです。**図表11**のように、グループでの議論や発表等のアクティブラーニングが、九〇分の授業であれば一五分か二〇分でもいいので組み込まれている必要があります。

高校生の皆さんには、大学に進学しても引き続きアクティブラーニング型授業に積極的に参加し、仕事・社会で力強く取り組んでいくための資質・能力をいっそう身につけてほしいと期待しています。そのためには、大学がそのようなアクティブラーニング型授業を提供しようとしているかを見極めて、「大学選び」をしてほしいと思います。

二点補足をします。

一つに、知識は図表10、11のどちらの授業でも問題なく教えられますので、ここでは横に措いていることです。

図表11　大学でのアクティブラーニング型授業

（イメージ写真）

二つに、大人数の学生に図表10のような形態で講義をすることは、歴史的に見てむしろ大学らしい教育の形態の一つだと言えることです。私はこれを全面的に否定していません。大学教育には、講義科目以外にも演習や実験・実習等科目、プロジェクト型科目等の授業科目があり、三・四年生になると多くの学部では研究室ゼミや卒業研究も行われます。要は両者のバランスが重要です。

しかし、学部によって異なりますが、一般的に四年間のカリキュラムの中で半数以上は講義科目です。しかも、いわゆる一般教養科目が中心となる一・二年生の時期は、多くの授業が講義科目と言っても言い過ぎではないほどです。入学して一、二年間、このような大人数の講義科目ばかりを受けていれば、自然と学びの意欲は落ちて、クラブ・サークルやアルバイトばかりに精を出すようになります。これが、日本の大学生が大学で学び成長しない構造です。三年生になってゼミや演習が行われるようになっても、一・二年生で崩れた学びの姿勢をそう簡単に立て直せるものではありません。実際、これまでの多くの先輩たちはうまく立て直せず、その中で就職活動が始まり、卒業研究を何とか仕上げて、そして卒業していったわけです。[7] この問題は他にもまだありますので、第4節で改めてお話をします。

第3節　アクティブラーニング型授業に取り組む大学はどうすればわかる？

残念ながら、すべての大学がアクティブラーニングの社会的・時代的意義をよく理解して、誠実に取り組んでいるとは言えない現状があります。中にはさまざまな理由でいい加減に済ませている大学もあれば、推進の意義を曲解して、これまでの授業形態で十分だと自信を持っている大学もあります。アクティブラーニング型授業の数をもっと増やしたいのだけれども、先生たちがうまく取り組んでくれず、結果としては十分に提供できていない大学もあります。

高校でも同じようなことが起こっていますね。新しい社会に向けて授業方法の転換が求められてはいるのだけれども、それがさっとできる先生と、できないで、これまでの伝統的なチョーク＆トークに固執する先生とに二極化しています。

その上で、大学や学部をあげて全学的に先生方を鼓舞して研修を行い、アクティブラーニング型授業を積極的に推進していこうとする大学は、きっと皆さんの将来に向けた学びと成長を手助けしてくれることと思います。なぜなら、**この難題に大学や学部をあげて取り組む大学は、学生の学びと成長を促す教育の実現を本気で考えている**からです。

それでは、アクティブラーニング型授業への推進に積極的な大学をどのようにして見極めればいいでしょうか。高校生でできる簡単な方法や視点を三つお伝えします。

(1)大学のウェブサイトでアクティブラーニングの推進を謳っているかをチェックする

大学のウェブサイトに行って、大学でアクティブラーニング型授業をどのように提供しているかをチェックしてみてください。学生の学びと成長を本気で進めている大学は、必ずウェブサイトでこの点をガイドします。なぜなら、受験生に大学が頑張って教育に取り組んでいることを知ってほしいからです。

ただし、必ずしも「アクティブラーニング」という用語が用いられているとは限らないので、この点は留意してください。大学によって、「参加型授業」「少人数教育」「問題解決型授業」「プロジェクト型の学習」「学生主体の学び」などの用語で説明されていることがあります。どのような用語を用いているかは大きな問題ではありませんので、学生が学び成長する授業や教育を大学が提供しようとしているかどうかを読み取ってください。

具体的なイメージを持ってもらうために、四つの大学を紹介します。これら四つは、学生の学びと成長を実現する大学教育を本気で作ってきた大学で、大学の取り組みをよく知る関係者の中ではあまりにも有名な王者級の大学です。偏差値の指標では知名度が高くないこともありますが、学生は学び成長し、就職時における企業からの注目も抜群に高い大学です。

■金沢工業大学

石川県金沢市に隣接する野々市市にある

- 工学部
- 情報フロンティア学部
- 建築学部
- バイオ・化学部

からなる工学系学部を中心にした単科大学です。まず、金沢工業大学（ＫＩＴ）のウェブサイトを見ると、タブのトップに「ＫＩＴで学びたい方」があります。ここでポイントとして紹介している学びのガイドがあることがわかります（**図表12**を参照）。

中のページに入っていくと、**図表13**に示す「ＫＩＴの学部学科で学びたい方へ」というページがあります。大きく「人や社会に役立つものを創造する「イノベーション力」を身につけたグローバル人材を目指します」と掲げられています。「技術者教育」「学生同士で学び合う」「実社会のリアルな問題に挑む」など、工学系における固有のアクティブラーニングが多面的に推進

図表 12　金沢工業大学（KIT）のウェブサイト（ホーム）

※ https://www.kanazawa-it.ac.jp/　2021 年 4 月 15 日アクセス。図表内の枠は筆者による。

ＫＩＴの学部学科で学びたい方へ

学びのポイント

人や社会に役立つものを創造する「イノベーション力」を身につけたグローバル人材を目指します。

- 技術者教育の世界標準「CDIO」を国内の大学で初めて導入
- 学生同士で学び合う世界トップレベルのワークスペース
- 授業で身につけた知識・スキルを使って実社会のリアルな問題に挑む場が充実
- 多国籍チームを組み、発展途上国でのイノベーション創出に取組む独自のグローバル人材育成教育
- 世界最高峰の研究開発機関・SRIと共同して「イノベーション力」教育を実施

4学部12学科の学び

ＫＩＴには工学部、情報フロンティア学部、建築学部、バイオ・化学部があります。学部・大学院・研究所が連携した幅広い学びのフィールドを実現します。

ＫＩＴの教育

教育目標である「自ら考え行動する技術者の育成」実現に向けて、特色ある教育を推進します。

› 教育

図表 13　金沢工業大学（KIT）のウェブサイト「学部学科で学びたい方へ」

※ https://www.kanazawa-it.ac.jp/manabi/　2021 年 4 月 15 日アクセス

されていることがわかります。

■国際教養大学

秋田県にあるリベラルアーツ系の公立大学です。二〇〇四年に開学した新しい大学です。寮や学生宿舎で留学生や他の学生と生活を共にしながら学びます。授業はすべて英語、平均一八人の徹底した少人数教育を行い、海外留学も義務づけられています。

ウェブサイト（ホーム）を見ると、国際教養大学が教育を通して何を求めるかが五つの特徴として掲げられています（**図表14**を参照）。

- すべて英語の少人数授業
- 一年間の留学が義務
- 多文化共生のキャンパスライフ
- 多才な可能性を広げる進路選択支援
- 多様な人材を発掘する入試制度

公立大学法人
国際教養大学
Akita International University
交通アクセス
キャンパスマップ
資料請求
お問い合わせ
ENGLISH
大学概要
国際教養学部
専門職大学院
入試情報
キャンパスライフ
進路支援
地域連携
中嶋記念図書館
Feature
01
すべて英語の少人数授業
more
AIU SPIRI
多文化共生の
キャンパスライフ

図表 14　国際教養大学のウェブサイト（ホーム）

※ https://web.aiu.ac.jp/　2021 年 4 月 15 日アクセス。図表内の枠は筆者による

すべて英語の少人数授業
英語で考え、意見を主張できる能力を鍛えます
国際教養大学「すべて英語の少人数授業」
見る YouTube
国際教養大学の際立った特長の一つが「すべての授業を英語で開講している」ことです。ただし、本学は「英語を学ぶ大学」ではありません。「英語で学び、英語で考える大学」です。
大切なことは、自分が学びたい分野を見つけ、それを深めていくこと。「知識」を修得した上で、世界を舞台に「自らの言葉」で発信し、行動できる力を身に付けることです。英語はそのツールにすぎません。
また、本学は2004年の開学以来、一貫して少人数教育を徹底しており、1クラスあたりの受講者数は18名程度が平均です。これもまた、教員と学生のコミュニケーションの機会を増やすことにより、自ら考え、意見を主張できる能力を磨いてもらうことを目的としています。
さらに、アカデミック・アドバイジング・システムなど一人ひとりの学生をきめ細かくサポートする体制も整えています。大学が課す厳しい学業基準を達成するたびに、みなさんの自律心、積極性、自信、忍耐力が育まれます。これらは、小さな大学ならではの大きな特長と言えるでしょう。

図表 15　国際教養大学のウェブサイト「すべて英語の少人数授業」

※ https://web.aiu.ac.jp/undergraduate/english/　2021 年 4 月 15 日アクセス

一つ目の「すべて英語の少人数授業」のページに入っていくと（図表15を参照）、「英語で考え、意見を主張できる能力を鍛えます」と見出しに書かれ、「「知識」を修得した上で、世界を舞台に「自らの言葉」で発信し、行動できる力を身につけることです。英語はそのツールにすぎません」と、国際教養大学の基本的な授業スタイル・理念をコンパクトに示しています。学生が学び成長することを第一に考えた、全生活空間がアクティブラーニングのような大学です。

■共愛学園前橋国際大学

群馬県にある国際社会学部のみの単科の私立大学です。国際教養大学と同様に、一九九九年に設立された、地域との共生をベースにして学生を学び育てようとしている大学です。

ウェブサイト（ホーム）を見ると、前の二つの大学と同様に、「特色ある学び」というページのあることがわかります（図表16を参照）。中に入ると、

- 学生中心主義

共愛学園前橋国際大学
KYOAI GAKUEN UNIVERSITY
KYOAI
VISION
地域と共に生きる大学を目指して
共愛学園前橋国際大学
特色ある学び
地域と一体となった教育について

図表16　共愛学園前橋国際大学のウェブサイト（ホーム）

※ https://www.kyoai.ac.jp/　2021年4月15日アクセス。図表内の枠は筆者による

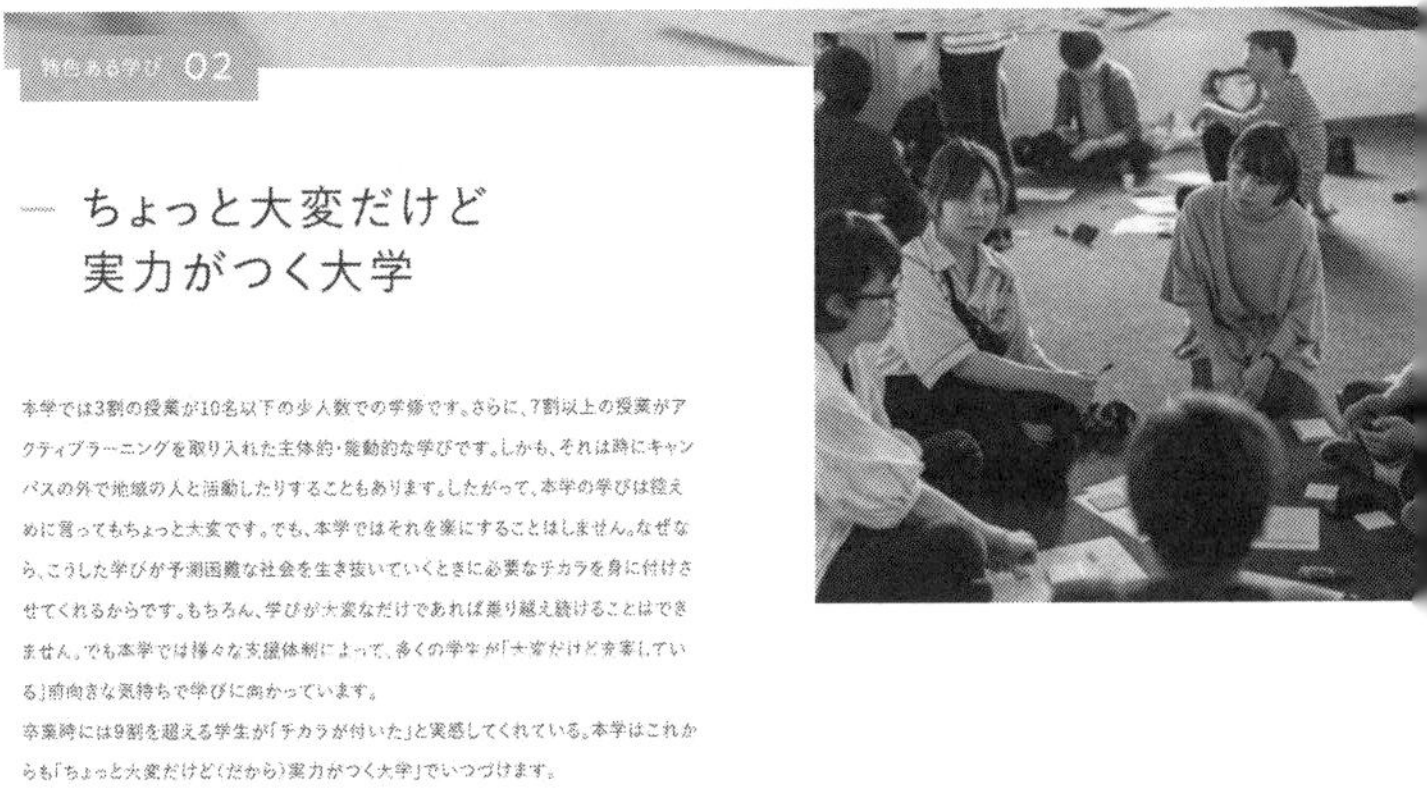
特色ある学び 02
ちょっと大変だけど
実力がつく大学
本学では3割の授業が10名以下の少人数での学修です。さらに、7割以上の授業がアクティブラーニングを取り入れた主体的・能動的な学びです。しかも、それは時にキャンパスの外で地域の人と活動したりすることもあります。したがって、本学の学びは控えめに言ってもちょっと大変です。でも、本学ではそれを楽にすることはしません。なぜなら、こうした学びが予測困難な社会を生き抜いていくときに必要なチカラを身に付けさせてくれるからです。もちろん、学びが大変なだけであれば乗り越え続けることはできません。でも本学では様々な支援体制によって、多くの学生が「大変だけど充実している」前向きな気持ちで学びに向かっています。
卒業時には9割を超える学生が「チカラが付いた」と実感してくれている。本学はこれからも「ちょっと大変だけど（だから）実力がつく大学」でいつづけます。

図表17　共愛学園前橋国際大学のウェブサイト（ホーム）

※ https://www.kyoai.ac.jp/guide/feature/　2021年4月15日アクセス

- ちょっと大変だけど実力がつく大学
- 地域との共生

という三つの特徴が示されています。その中の「ちょっと大変だけど実力がつく大学」には、「三割の授業が一〇名以下の少人数での学修」「七割以上の授業がアクティブラーニングを取り入れた主体的・能動的な学び」「時にキャンパスの外で地域の人と活動したりすることもある」と説明されています（**図表17**を参照）。

■愛媛大学

愛媛県にある総合系の国立大学です。学長の力強いリーダーシップのもと、地域の特性、国立大学の研究の強みを生かして、学生の学びと成長のための教育の実現に取り組んできた大学です。国立大学の教育改革のフロントランナーの一つとも言えます。

ウェブサイト（ホーム）を見ると、「愛媛大学 特色ある教育映像」という動画が紹介されています（**図表18**を参照）。中を見ると、リーダーズ・スクールなどの準正課教育、そして授業におけるアクティブラーニング、フィールドワークなどによる学生主体の能動的・深い学びが目指されていることがわかります（**図表19**を参照）。

他にも、学生の学びと成長を本気で促そうとしている、紹介したい大学がいくつもあります。しかし「はじめに」で述べたように、私は高校生の皆さんに、「大学選び」を自身のライフ（大学・仕事・社会）に対する見方・考え方を養う、成長の機会にしてほしいと考えています。**私が良いと思う大学を具体的に紹介していたのでは、皆さんのためになりません。**ここで紹介した四つ

図表 18　愛媛大学のウェブサイト（ホーム）

※ https://www.ehime-u.ac.jp/　2021 年 4 月 15 日アクセス

図表 19　授業でフィールドワークに出て地域の課題に取り組む

※「愛媛大学 特色ある教育映像」（https://www.ehime-u.ac.jp/）にある一場面。2021 年 4 月 15 日アクセス

の大学は、大学の教育的取り組みをよく知る関係者の誰もが真っ先に思い浮かべる王者級の大学です。あくまで作業をイメージする参考例として受け取ってください。そして、気になる大学のウェブサイトを調べてみてください。きっと、このようなガイドを示している大学がそう多くはないことがすぐわかると思います。だからこそ、ガイドを示す大学には学びと成長に対する突出した意欲があると言えるわけです。

⑵オープンキャンパスや大学説明会等で質問する

わからなければ質問するのが手っ取り早いでしょう。

ただし、単にアクティブラーニング型授業を積極的に推進しているかどうかをウェブサイトでチェックするだけでなく、**その作業を通して大学が発信しているメッセージを受け取ってほしいという意図もあります**ので、まずは⑴の作業をしっかり行ってください。それでもわからない時にはオープンキャンパスや大学説明会で直接質問しましょう。いつでもメール等で質問ができるようになっている大学もあります。

⑶国立大学を選ぶ

大学がアクティブラーニング型授業を提供しているかを見極める三つ目の視点は、国立大学を選ぶことです。国立大学に行ける学力があるなら苦労はしない、といった声は聞こえてきそうですが、やはり**国立大学はさまざまな側面で優れた教育を提供するリソースを備えています。**高校一年生であれば受験科目を絞り込みすぎないように、また受験生でも受験学力が射程圏にあるなら、国立大学を選択肢の一つとして考えてみてください。

当然ながら、国立大学はその「国立」という設置形態から、私立大学に比べて文部科学省のチェック・評価が厳しいということがあります[8]。その結果として、教育水準は少なくとも平均レベル、多くの場合はそれ以上で提供されていると言っていいと思います。

しかし、**国立大学の教育水準を高めている最大の理由は、少ない学生定員にある**と私は考えています。そもそも国立大学というのは、戦後一貫して少人数教育を行ってきた大学だと言えます。わざわざアクティブラーニングと呼ばなくても、自然と授業やゼミ・演習が参加型・アクティブラーニング型となっている場合が珍しくありません。

一部の学部でマスプロ講義が行われていると言われますが、それでも受講者数はせいぜい一五〇～二〇〇人、どんなに多くても三〇〇人くらいです。それも数えられる程度の科目数です。多くの授業は二〇～五〇人、多くても一〇〇人以下の受講者を対象に行われています。ゼミや演習科目は五～二〇人程度で行われることが一般的で、卒業研究は一学年二～三人、多くても一〇人以下の構成となります。これが大規模な私立大学のとくに人文社会系の学部になると、三〇〇～五〇〇人の学生を相手にした大人数講義が当たり前、ゼミになっても三〇～四〇人も学生がいるといったことが珍しくありません。

国立大学に比べて私立大学の学部定員が必要以上に多くなる理由は、経営の問題から来ていると思います。言葉を選ばずに言えば、「稼げる学部で稼げ」ということです。そのことが、直接的に安価で質の低い教育の提供に繋がるわけではありませんし、後で補足するように、国立大学だから必ず良い教育が提供されているとは限りません。これらのことは、この話の前提です。その上で、定員数の多い大学・学部が学生にきめ細かな教育を提供することは、多くの場合困難であると言わざるを得ません。何百人もの学生を相手に講義をすれば良かったかつての講義中心の教育であれば、それも大きな問題にはならなかったかもしれません[9]。しかし、今アクティブラーニング等により学生の資質・能力を育てようとする時代においては、この定員数の大きさは致命的です。

学生を多く抱えるということは、相応数の教員を雇用するということでもあります。一学部で考えて、（一学年）五〇〇人〜一、〇〇〇人、あるいはそれ以上の学生を入学させ、それに対応する教授、准教授等を一〇〇人、一五〇人と抱えている都市部の私立大学は少なくありません。一般的に言って、学長や学部長をはじめ大学の執行部が、この大規模な教員集団に、きめ細かな、新しい社会、時代に即した教育・学習方法への転換を組織的にマネジメントできるはずがありません。しかも、大学教員は研究を理由に、教育への努力を後回しにすることも知られています。よほどマネジメントに優れた強い意志を持つ大学執行部でなければ、教員集団を変えていくことは難しいでしょう。大きな総合大学で、アクティブラーニングを始めとする教育改革が実質的に進まず、(1)で紹介した金沢工業大学や国際教養大学、共愛学園前橋国際大学のようなモデルとなる大学が単科大学や小規模の大学であるのは、このような組織規模と関連していると考えられます。

「国立大学を選ぶ」に関して二点補足です。

一つは、**国立大学の多くはウェブサイトで「教育の特色」や「学びのガイド」を示していない**ことです。いくつか国立大学のウェブサイトを見ればすぐわかると思いますが、「大学について」「学部・学科の紹介」「活躍している研究者の紹介」など、示していくだいたいの順序・パターンというものがあります。国立大学はまだまだ学部に対する学長のリーダーシップが強くないので、ウェブサイトの頭から学部を超えて「教育の特色」や「学びのガイド」を示すわけにいかないといった事情があります。しかし、そのことが必ずしも教育を蔑ろにしていることを表しているわけではないので、この点補足しておきます。そのような中、ウェブサイトの頭で「教育の特色」や「学びのガイド」を示してくる国立大学は、相当力を入れて取り組んでいる国立大学だと見ていいと思います。

二つ目は、**公立大学を国立大学と同じように見ることはできない**ことです。「国公立大学」と呼ばれるように、公立大学は国立大学と同じ公的セクターに分類されます。しかし公立大学は、先に紹介した国際教養大学のように、全国の範となるすばらしい公立大学もあれば、何の特徴もない普通の公立大学もあり玉石混淆です。理由は、国立大学が文部科学省から一律に厳しくチェック・評価されながら運営されているのに対して、公立大学は地方自治体（都道府県）によって良くも悪くもそれぞれ独自に運営されているからです。地方自治体が自身の県行政に大学運営をしっかり位置づけて戦略化していれば、チェック・評価は厳密なものとなり、そうでなければ大学にお任せ、言わば私立大学と同じような状況になります。こうして、公立大学はその「公立」というセクターカテゴリーだけでは判断できない、玉石混淆の様相となります。

第4節　補足

(1)このような謳い文句には注意せよ

第3節で紹介した大学のアクティブラーニング型授業の推進をチェックする上での注意点をいくつかお話しします。

第一に、国公立大学や研究大学として威信のある私立大学のいくつかは、研究における専門分野の紹介をすることで、大学の魅力をアピールしてきます。私はそのこと自体を否定しませんが、**高校生の皆さんには軽く見ておく程度に留めることをお勧めします。**研究を頑張っている大学が研究についてアピールするのは当たり前です。しかし、将来大学に残って研究職に就こうと思っていないほとんどの高校生には関係のない情報です。大学には、研究のすばらしさをアピールしてもいいけれど、どのような教育をするかも併せてアピールしてほしいと期待します。ちなみに、どんな大学でも、大学教員たるものは研究者でもあります。大学が組織的に研究をアピールしなくても、**大学内で研究をしている教員はたくさんいます。**大学とはそのようなところです。

第二に、専門学部・学科の紹介やそこで学べる専門知識を紹介することで、「教育の特色」「学びのガイド」と謳う大学があることです。それは「学部選び」として参考にすべきことですが（**ポイント2**を参照）、「大学選び」としては知識の提供だけでなく、アクティブラーニング型授業を始め、学生にどのような資質・能力をつけようとしているかの説明をしてほしいと思います。

第三に、アクティブラーニング型授業を推進しているとは謳っていないものの、どの大学にもある普通の演習やゼミ（イメージは**図表20**）、実験・実習・実技（イメージは**図表21**）等をもって、まるで参加型授業、少人数教育を行っているように謳う大学があることです。アクティブラーニング型授業の推進を謳っていないのだから、うそはついていないと言われればそれまでです。しかし、**演習やゼミなどは「大学」という名がついていれば、どこでも多かれ少なかれあるものです。それが無い大学は無いと言っても言い過ぎではありません。**これでいいなら、「大学選び」の **ポイント3** は必要ありません。もちろん、普通の演習やゼミ、実験・実習・実技がダメだというわけではないので、誤解のないようにお願いします。

政府で施策化されたアクティブラーニング型授業というのは、**講義科目の授業をただ受け身で九〇分聴いているだけのものにするのではなく、一〇分、二〇分でいいので、学生のグループワークや発表等の能動的な学習を取り入れながら行うように求めたもの**です。つまり、講義改革の一環で求められたものなのです。ですから、講義科目でこれまで通り教師から学生への一方通行の講義が行われている、あるいは三〇〇人、五〇〇人といったアクティブラーニングがおおよそできないような大人数講義がいくつもあるような大学は、あるいは図表20、21のような専門科目における演習やゼミ、実験・実習・実技科目等だけをもって参加型授業、少人数

図表 20　3・4 年生で行われる専門科目の演習やゼミ
（イメージ写真）

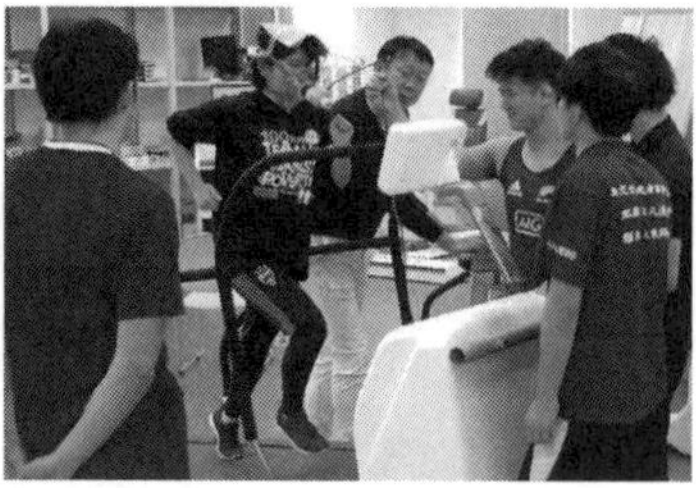

図表 21　3・4 年生で行われる専門科目の実験や実習
（イメージ写真）

教育を行っているように謳う大学というのは、政府や世の中から求められていることを理解していないか、古くから行ってきた大学の授業のスタイルで問題ないと思っているか、さらに言葉を選ばずに言えば、学生の学びと成長を真剣に考えていないかのいずれかだと言えます。

第四に、授業の形態や教育・学習方法について謳われているかです。「教育の特色」や「学びのガイド」などと示されていても、よく読むと、**キャリア教育**

やクラブ・サークル活動、地域活動などで学生は成長しています、と書かれているだけで、正課の授業やカリキュラムの特色について何も書かれていないことがあります。もちろん、キャリア教育やクラブ・サークル活動、地域活動などがダメだと言っているのではありません。それらを推進していない大学など無いと言っても言い過ぎではないほどなので、それよりも教育の特色や学生の学びについて受験生にアピールしてほしいというのが、ここでのポイントです。

多くの大学の問題は以上四点でだいたいカバーしていると思いますが、もう三点留意点を追加してお話ししておきます。

第五として右記に続けていきます。第二の点と似ていますが、アクティブラーニング型授業を推進しています、と謳わないまでも、**初年次教育**をもって「参加型教育」「少人数教育」の推進を謳う大学があることです。これは参考程度に見るくらいでいいと思います。

多くの大学では、科目名称はさまざまですが（たとえば「初年次ゼミ」「大学入門ゼミ」など）、入学してすぐの前期や一学期に、「初年次教育」と呼ばれる新入生向けのスタートアップのゼミや科目が提供されています。昔はありませんでしたが、二〇〇〇年過ぎから多くの大学で導入されるようになりました。要は、高校生までの学習と違った大学での講義の受け方、議論の仕方、アクティブラーニングの仕方、図書館の使い方、レポートの書き方など、大学での学びのイロハを教える科目です。大学によっては、これにキャリア教育を含めることもあります。

一般的には、一〇人前後の少人数で実施し、図表20のようなイメージで、学生同士の議論や発表等、まさにアクティブラーニング形式で授業が行われます。そして、それをもって、「本学では参加型、少人数教育を実施しています」と謳うのです。しかし、一年生の受ける授業科目は週平均一〇〜一五科目前後あり、たかだかその一つの科目をもってそのように謳うのはいかがなものかと思います。大学教育にとっては重要な導入科目ですが、大学のアクティブラーニング型授業の推進を見極める本ポイントとしては参考程度のものです。

第六に、これも第五の点に似ています。**一つか二つのプロジェクト型科目や地域連携のフィールドワークなどの科目の提供**をもって、「学生のアクティブラーニングを実現します」と謳う大学があることです。「(一般の)講義型授業をアクティブラーニング型に転換しています」とは謳っていないので、これもうそをついていないと言われればそれまでです。プロジェクト型科目やフィールドワークの授業科目の提供自体はすばらしいと思いますので、私はそれを否定してはいません。しかし、学生が一週間に一〇～一五科目前後の科目を履修する中で、たかだか一つか二つの授業科目をもって、「学生のアクティブラーニングを実現します」と謳わないでほしいと思います。しかも、そのような科目はほぼ選択科目で、少人数の定員、しかも科目提供数は大学全体でわずかな数なので、たとえば**一学年一、〇〇〇人の学生がいる大学で実際に受講している学生はせいぜい五〇～一〇〇人くらい**です。

最後七点目は小さなことです。ウェブサイトで検索すると、「アクティブラーニングを積極的に進める大学はどこ？」といったような特集ページがいくつかあります。これは見てもいいですが、あまり信じすぎないようにしてください。理由は、アクティブラーニングの定義や世の中で求められている流れ、実情をよく理解していない人が、その言葉だけを頼りに検索して、引っかかってくる大学を紹介しているだけのものだからです。私から見ると、いい加減な、間違いだらけの情報提供です。

⑵人が教えるという現実

これだけ大学のアクティブラーニング型授業の積極的推進を調べて「大学選び」をしても、

いざ入学してみると、期待していた授業とは違うことが少なからずあります。問題は次のような状況から生じています。

問題①：大学として組織的にアクティブラーニング型授業に積極的に取り組んでいるのは事実だが、全教員が一丸となって取り組んでいるわけではない。取り組んでいない教員もいて、そのような教員の授業に不運にも当たってしまった。

(回答) 十分あり得ます。ただ、受講科目は一科目ではないはずなので、仮に三分の一そのような授業科目があったとしても、残りの授業科目でアクティブラーニングに取り組めば力はつくと思います。

問題②：教員はアクティブラーニング型授業を行っているが、中に授業技術やファシリテーション力の低い教員がいて、授業がおもしろくない。

(回答) 十分あり得ます。教員にもアクティブラーニング型授業のうまい、下手がありますので、ここは人が教えることとの限界だと思います。教員が一生懸命取り組もうとしているのであれば、あたたかく見てあげてください。

　他方で、「おもしろくない→不満」ではなくて、あなたがグループワークの他の学生に積極的に働きかけたり、授業の雰囲気を盛り上げる努力をしたりすることを考えてみてはどうでしょうか。すばらしい学習環境がそろっていることが理想的ではありますが、現実にはなかなかそうならないことが多くあります。それなら、不満を言って時間を無駄に過ごすより、その不十分な学習環境をあなたが成長するための機会だと捉え、頑張ってみてはどうでしょうか。将来の職場の中にはこのような状況が多くあるはずであり、将来に向けたリーダーシップやさまざまな資質・能力の発展に必ず繋がるものと思います。

注

6　二〇一二年に出されたいわゆる「質的転換答申」で、大学教育におけるアクティブラーニング型授業への転換は国の施策として示されました。中央教育審議会『新たな未来を築くための大学教育の質的転換に向けて―生涯学び続け、主体的に考える力を育成する大学へ―（答申）』（二〇一二年八月二八日）

7　広い意味で、大学生の学びと成長を決めるのは入学一年目（一年生）だという初年次教育の理論に基づいて教育改革が進められています（濱名・川嶋, 2006）。大学一年生が四年生までにどの程度変化・成長するかについての実証的成果は、注3を参照のこと。

8　国立大学は二〇〇四年から「法人化（国立大学法人）」され、国の直営機関と民間企業の間くらいのポジションにいます。国立大学は、第三者機関（大学改革支援・学位授与機構など）からの七年に一回の認証評価（外部評価）とは別に、国立大学法人評価委員会（文部科学省内に設置）から毎年評価を受けなければいけません。私立大学は前者の七年に一回の認証評価だけですので、この点からも国立大学と私立大学とでは外部評価のプレッシャーが相当違うことがわかります。

9　一九六〇年代に激化した大学の学生運動のテーマの一つには、貧弱な大学教育、マスプロ講義に対する抗議が強く起こりましたが（川上, 1969）、結局は改善されることなく今日を迎えています。

第4章　ポイント4　偏差値をうまく利用する

第1節　偏差値の正体

偏差値という指標が世に示されたのは一九二〇～三〇年代頃と、案外古くまで遡るようです[10]。それが教育界の現場に導入され、日本の学校教育に大きな影響を及ぼすようになったのは、一九六〇年代初めの**高校入試**からと考えられています[11]。一九七九年に始まった大学入試における**共通一次試験**（現在の大学入学共通テスト）は、偏差値を大学受験にも一般的に拡大することになり[12]、そうして今日に至っています。

偏差値とはどのような指標でしょうか。塾や予備校で実際に用いられている計算式は、以下のものと若干異なるところがあるようですが、本質的にはこのようなものに基づいていると言えます。ここでは基本的な考え方を①②のように理解しておきます。

偏差値は、次の二段階ステップで仕上げられる数値のことです。

①全サンプルの平均値と標準偏差（※）を計算する
②①の平均値が50になるように全体を変換する

※データのばらつきの程度を表す指標

偏差値は、①②の計算を行い、全サンプルの中である生徒の位置を60や54などと数値で表すものです。平均値が50ですから、数値を見れば自身が平均値より上であったか下であったかが即座にわかり、偏差値60の人は54よりも上だというように、どちらの成績が優秀であったかも即座にわかります。しかし、偏差値の最大の特徴は、このような数値が全サンプル（受験者）の中での順位を表す点にあります。[13]全サンプルの中で、上（下）から何番目という順位が隠されています。

偏差値は、以上のように説明される統計学に基づいた指標ですが、実際に偏差値が「猛威」を振るう仕組み（システム）はもっと別のところにあります。

たとえば、生徒が塾や予備校のある模試を受けるとします。塾や予備校は、受験者の結果を過去の受験者データをもとに作られた回帰式に導入して、過去の同レベルの生徒が○○大学△

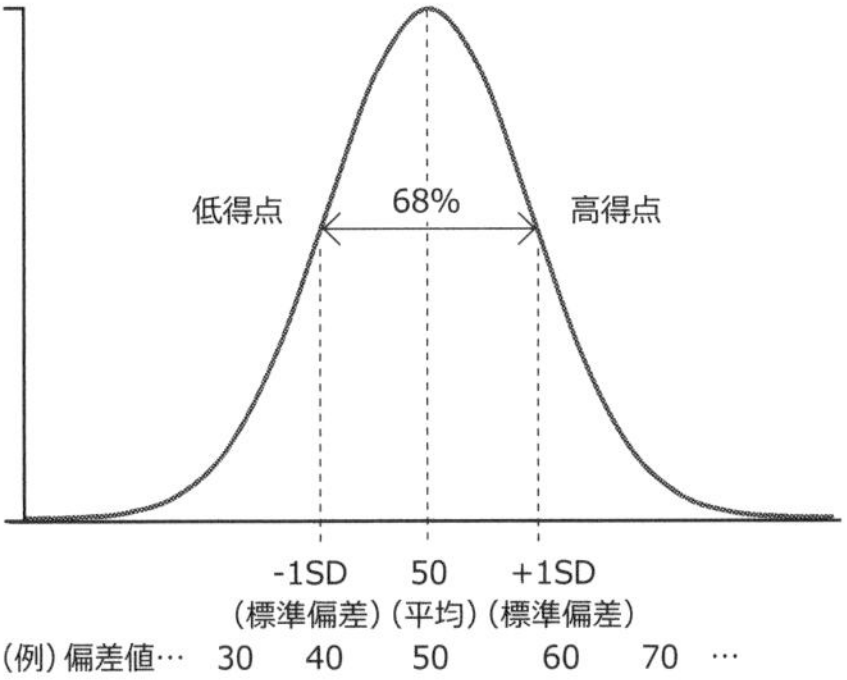

図表22　偏差値のイメージ

△学部にどの程度の確率で合格したかを推計します。その確率が、模試の結果返却シートに記される「A」「B」「E」などの合格判定です。

模試における生徒の受験科目数は必ずしも全員同じではありません。受験する大学で課せられる受験科目数や難易度、実際の問題は様々に異なっています。にも関わらず、この偏差値から合格判定に至る推計のプロセスは、そのような差異やノイズを一掃します。なぜなら、**判定に必要な情報は、模試の結果から算出されるある生徒の全体の中での順位（これが偏差値の最大の特徴）と、過去のデータからその順位にいた生徒が○○大学△△学部に合格したかどうかの関係だけ**だからです。この関係を推計することこそが、偏差値の「猛威」を説明します。

しかし、これらだけではまだ偏差値は「猛威」を振るいません。これらに、**受験生や保護者、高校教員、企業等の「偏差値は有用である」という信念と結びつくこと**が必要です[14]。実際、受験生（高校教員等）は模試の判定を見て、合格圏の大学に進路変更し（させ）たり合格圏の大学を受験し（させ）たりしているでしょう。受験生等が「偏差値は有用である」という信念をもとに行動しているのですから、「猛威」はこうして毎年毎年強固に再生産されていくことになります。

偏差値は志望する大学への合格率だけでなく、**大学のランク付けにも利用**されています。偏差値○以上の人の多くが、たとえば△△大学に合格したという関係式がありますので、それをもって大学の偏差値ランキングを作成することができます。

他にも、東京大学の受験者の多くが私立大学の併願として早稲田大学や慶應義塾大学を受験するとしましょう。その他の○○大学ではないわけです。このような組み合わせパターンのデータを蓄積すれば、早稲田大学や慶應義塾大学は東大レベルの私立大学ということになり、その他の○○大学は、東大受験者が受けるようなレベルの大学ではないということになります。この大学レベルを本質的に決めているのは、当該大学を受験する生徒の全体における順位、すなわち偏差値です。しかも先ほど述べたように、受験者は模試の偏差値や判定結果を見て自分のレベル（順位）に合った大学を選んだり変更したりしますので、こうして偏差値による大学のランク付け（序列化）は強固に微修正を重ね精緻になっていきます。偏差値をもとにした大学のランク付け（漬け？）はもう半世紀の歴史となっていますから、大人から子どもまで偏差値や大学ランクの見方が相当染みついているとも言える現状です。

第2節　偏差値の何が問題か①——大学独自の教育の特色が見えなくなる——

偏差値の問題は、入試の難易度という観点で大学をランク付け（序列化）し、それが高校生の「大学選び」において相当の比重を占めてしまっていることです。その結果、**大学が持つ独自の教育的特色へは、高校生はもちろんのこと、教員においてもほとんど目が向かない**状況となっています。

本来、大学は教育機関です。建学の精神や伝統・歴史、国や地域における役割などをもって、他の大学とは異なる独自の教育を作ってきた教育機関です。ある会社が製品を作る時に、他社の製品とは異なる独自の製品を作ろうとするでしょう。大学も同じです。

高校生の実際の「大学選び」において、彼らが入試の難易度だけで大学選びをしているとは思っていません。だから、オープンキャンパスにも参加するのでしょう。それは良いことだと思います。しかし、受験する大学がどのような教育を行っているのか、行おうとしているのか、大学の教育理念やカリキュラムはどのようなものなのか、そのような大学の特色を作っている中身についてどの程度調べて、あるいは共感して受験しているかははなはだ怪しいものです。大学・学部が、偏差値によって同じスケール上で並べられ数点刻みでランク付けされ、高校生に教育的特色を十分に見てもらうところまでたどり着かなくなっているこの半世紀の実態は、とても残念なことだと思われます。

第３節　偏差値の何が問題か②――高偏差値の大学が三大都市圏に集中する――

偏差値システムで起こっているもう一つの問題は、**高偏差値の大学が三大都市圏に集中していること**です。多くの人がどこかで気づいていながら、あまり伝えられてこなかったことです。

図表22をもう一度見てください。偏差値は、全サンプルの中での順位を示すものだと説明しました。第1節で示した①②のステップで偏差値を計算すると、模試等の受験者はこの分布上のどこかに明確に順位づけられます。その順位を表す数値は、計算上では51・35や56・22などの細かい数字になっているはずですが、結果シートにおいては偏差値51や56などとして簡単にしてフィードバックされます。いずれにしても、数値が示されるということは、誰が誰よりも上で、下で、と比較可能であるということです。

問題はここからです。高校生の「大学選び」に関して、偏差値50や55の数値（全サンプルの中での順位）を利用価値の高いものとするためには、一人でも多い全国の高校生に模試等を受験してもらい、データを全国レベルのものにする必要があります。たとえば、東京大学や早稲田大学は東京にある大学ですが、東京在住の高校生だけが受験するわけではありません。全国から高校生が受験します。あるいは、地方の○○大学も東京在住の高校生が受験することはありります。県別の受験者数がどの程度いるかは横に措き、このような意味で、ここでは全国の高校生が全国の大学を受験する可能性があるという視点を組み込むことが重要です。

偏差値の悪影響は、この全国の高校生を対象としたサンプルの収集から生まれています。なぜなら、**全国の高校生の半分は三大都市圏という一部の限られた地域に住んでいる**からです。偏差値のシステム基盤の半分は、この生徒たちの成績から作られているのです。

ここは本書の大事な主張に繋がるところなので、データを丁寧に見ましょう。

まず、人口が密集している三大都市圏という指標を定義します。ここでは、国土庁の第五次全国総合改革計画『21世紀の国土のグランドデザイン—地域の自律の促進と美しい国土の創造』（一九九八年三月）で区分として用いられる、①三大都市圏（東京圏、関西圏、名古屋圏）、②地方中枢都市圏（札幌、仙台、広島、福岡・北九州）、③地方中枢拠点都市圏（新潟、金沢・富山、静岡・浜松、岡山・高松、松山、熊本、鹿児島、那覇など）、④その他の地方都市・町（以下、地方都市）を参考にして、以下八つの都府県を「三大都市圏」と操作的に定義します。

- 首都圏　（東京・神奈川・千葉・埼玉）
- 関西圏　（兵庫・大阪・京都）
- 名古屋圏（愛知）

次に、都道府県別（以下「県別」とも呼ぶ）に見た全国高校の生徒数の割合を見ます。最新の政府の統計を見ると、高校一学年の生徒数は全国で約一〇二万人いますので、都道府県別の生徒数を全国のそれで割った割合を算出します。**図表23**は、割合の多い都道府県から並べたものです。図表を見ると、上位七つを三大都市圏の都府県が占めていることがわかります。全国の生徒数の44・2％です。京都は少し順位を落としますが、それを含めると、全国の46・4％の生徒が三大都市圏にいることがわかります。

そして、この全国の半分を占める三大都市圏の高校生が、自分たちのよく知る同じ都市圏の「〇〇大学を志望します」「受験します」と模試等で情報提供をします[15]。しかも**図表24**に示すように、都道府県別に見た大学等（短大、大学院を含む）の数は、これまた三大都市圏だけで上位を占めます。上位四県（東京～兵庫）だけで全国の34・1％、続く四つの三大都市圏の県（神奈川～千葉）を含めると全国の48・8％、約半数を占めます。いま全国には、大学だけで七九五校（大学院大学を含む）、短大まで含めて一、一一八校あります。**全国の約半数の生徒がたった八つの都府県に在住し（46・4％）、そしてその都府県に全国の半数（48・8％）の大学等がある**わけです。

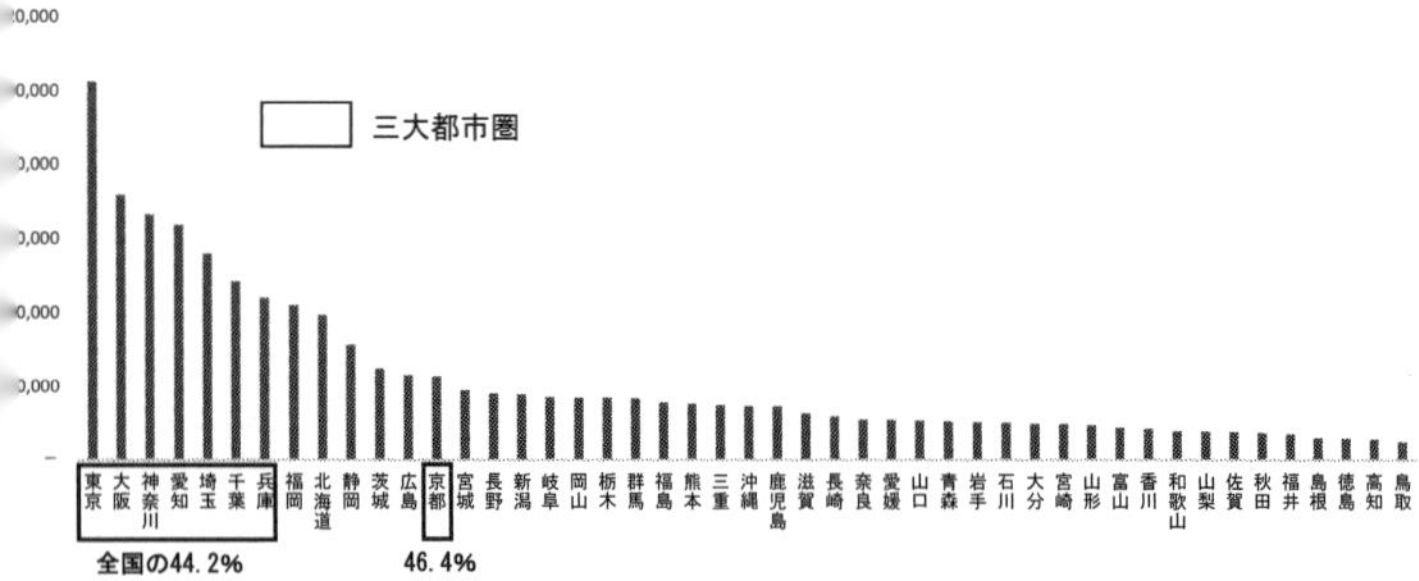

図表23　都道府県別に見た高校生数（1学年）と三大都市圏の全国に占める割合

※『学校基本調査（令和2年版）』＞「高等学校」＞「都道府県別入学状況（本科）」より作成

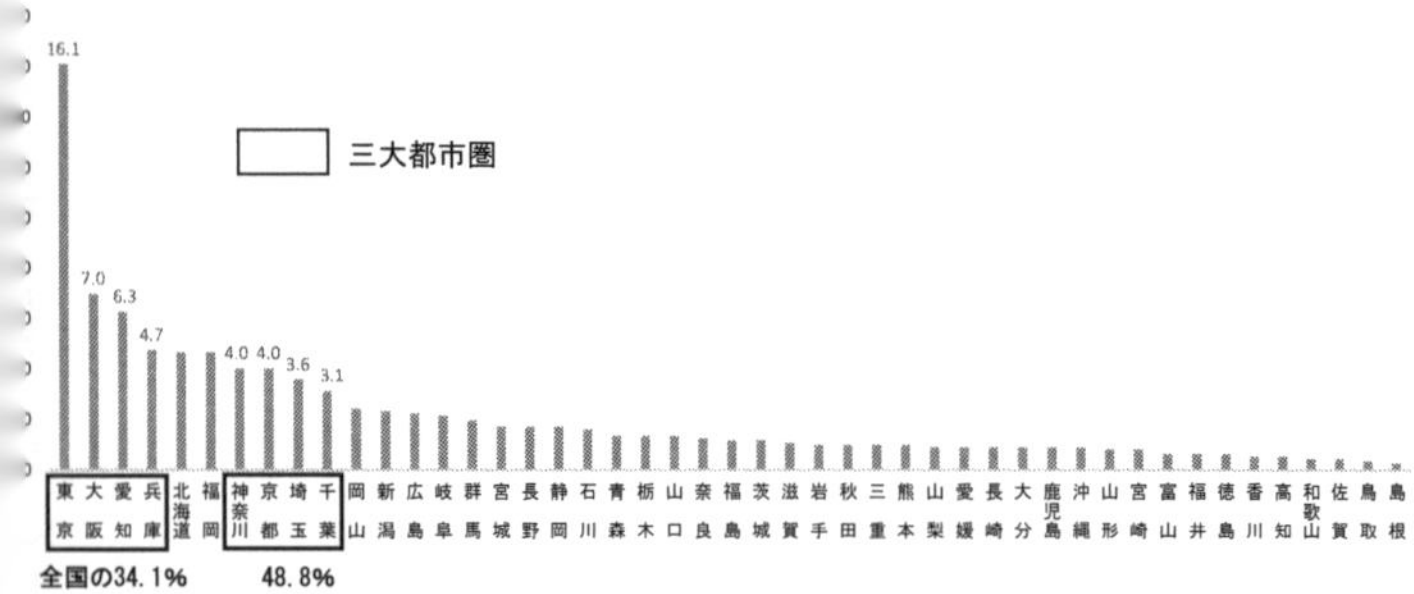

図表24　都道府県別に見た大学等数と三大都市圏の全国に占める割合

※『学校基本調査（令和2年版）』＞「高等教育機関（大学・大学院／短期大学）」＞「都道府県別　学校数及び学生数」より作成

※ここでの数値には大学院大学が含まれていると考えられるが、大きな数値ではないので、議論が煩雑になることを避けるために文中ではここでの数値をそのまま用いて議論を行っている

三大都市圏にいる高校生にとっては、同じ都市圏内の大学等をリサーチするだけでも大変です。ましてや、全国の大学をくまなくリサーチして志望する大学を見つけよ、というのは、ほぼ不可能な作業だと言えます。

異なる角度からもう一つ同じ結果に至るデータを示します。**図表25**は、入学定員が多い上位50の国公私立大学を全国から抽出し、多い順に並べたものです。**50校のうち44校（88・0％）が三大都市圏にある**ことがわかります。しかも、1位から32位まですべて三大都市圏にある大学が占めていることがわかります。ちなみに、**1位～32位までの大学のうち29校が私立大学（90・6％）**、50校のうち三大都市圏以外の大学（グレーで色づけ）は、東北学院大学を除いてすべて地方の国立大学であることもわかります。

こうして、三大都市圏の多くの高校生は、自身の都市圏にある聞いたことのある大学の中から志望大学を選び、受験するという傾向を示します。大変な思いをして全国から探さなくても、身近なところにある大学から志望大学を選ぶだけで十分というわけです。

三大都市圏にいる全国半数の高校生の多くが、在住の同じ都市圏にある全国半数の大学のいくつかを志望する傾向がある、そうして偏差値が構築されているとします。その結果はどうい

30	東京都	私立	国士舘大学	2,820
31	東京都	私立	上智大学	2,801
32	神奈川県	私立	関東学院大学	2,679
33	宮城県	私立	東北学院大学	2,656
34	愛知県	私立	中部大学	2,600
35	東京都	私立	立正大学	2,565
36	兵庫県	私立	神戸学院大学	2,560
37	福岡県	国立	九州大学	2,554
38	兵庫県	国立	神戸大学	2,530
39	東京都	私立	帝京平成大学	2,518
40	愛知県	私立	愛知学院大学	2,495
41	北海道	国立	北海道大学	2,485
42	東京都	私立	武蔵野大学	2,475
43	千葉県	国立	千葉大学	2,427
44	宮城県	国立	東北大学	2,377
45	東京都	私立	桜美林大学	2,352
46	広島県	国立	広島大学	2,336
47	大阪府	私立	摂南大学	2,295
48	大阪府	私立	関西外国語大学	2,270
49	東京都	私立	拓殖大学	2,230
50	新潟県	国立	新潟大学	2,227

順位	都道府県	国公私立	大学名	入学定員(人)
1	東京都	私立	日本大学	15,341
2	東京都	私立	早稲田大学	8,940
3	京都府	私立	立命館大学	7,904
4	大阪府	私立	近畿大学	7,847
5	東京都	私立	明治大学	7,760
6	東京都	私立	東洋大学	7,256
7	東京都	私立	東海大学	6,653
8	東京都	私立	法政大学	6,602
9	大阪府	私立	関西大学	6,522
10	東京都	私立	慶應義塾大学	6,402
11	京都府	私立	同志社大学	6,351
12	東京都	私立	中央大学	6,281
13	兵庫県	私立	関西学院大学	5,710
14	東京都	私立	帝京大学	5,567
15	京都府	私立	龍谷大学	4,934
16	東京都	私立	青山学院大学	4,490
17	神奈川県	私立	神奈川大学	4,420
18	東京都	私立	立教大学	4,018
19	東京都	私立	専修大学	4,000
20	東京都	私立	東京理科大学	3,910
21	京都府	私立	京都産業大学	3,730
22	東京都	私立	駒澤大学	3,317
23	大阪府	国立	大阪大学	3,255
24	愛知県	私立	中京大学	3,185
25	東京都	国立	東京大学	3,060
26	東京都	私立	東京農業大学	2,991
27	東京都	私立	明治学院大学	2,950
28	東京都	私立	大東文化大学	2,825
29	京都府	国立	京都大学	2,823

図表25　入学定員の多い50大学

うものになるでしょうか。

図表26は、大手塾・予備校の河合塾と駿台予備学校、東進がウェブサイトや大学案内で公開している大学偏差値ランキングを、次の手順で作業しまとめたものです。

①大学偏差値は同じ大学内でも学部・学科等、受験科目数によって異なるものだが、ここではそれらの差異は問わず、最も偏差値の高い学部・学科等の数値を採用する。図表では大学名のみを示す。

②全国的に偏差値が高い一部の医療系学部・学科（医学部医学科、歯学部、獣医学部、薬学部）は作業の対象外とする。その結果、たとえば医療系の単科大学はもちろんのこと、総合大学で医療系学部・学科が強い大学は、必然的に①の作業で偏差値ランキングが落ちることになる。

③河合塾の国公立データは前期日程・二次試験で示される偏差値を、東進のデータは合格可能性八〇％で示される偏差値を用いる。なお、河合塾の国公立データでは、例年二次試験を課すが、コロナ禍に見舞われた二〇二一年度入試において二次試験を免除

した大学が除外されている。その大学は、本作業の結果からも除外されてしまっている。
④国公立大学と私立大学の偏差値の重みは同じではないが、この作業は数値の優劣を示すものではないので、両者を同じ図表内でまとめ数値の高い順に並べた。
⑤①～④の手順で偏差値の高い大学トップ50校を選ぶ。ただし、50番目に位置する大学がたとえば偏差値60で、偏差値60の大学がその下に10校並んでいるとすれば、そこまでを対象として選ぶ。この基準で選出作業をして、河合塾57校、駿台予備学校58校、東進50校が選ばれた。
⑥⑤の中から3社に共通する大学37校を最終的に選んだ。その結果を図表26に示す。三大都市圏以外の都市に所在する大学をグレーで色づけしている。

図表26の結果は、異なる塾や予備校が、異なる受験生をサンプルとしたデータを用いて、異なる計算式で大学偏差値を算出して、その上で共通してトップランクする大学がどこかを示しています。

大学37校のうち31校は三大都市圏に所在しており、割合は83・8％です。残りの6校はすべ

東進偏差値	大学	所在地
東進 79	京都大学	京都
東進 77	東京大学	東京
東進 77	早稲田大学	東京
東進 77	慶應義塾大学	東京
東進 75	一橋大学	東京
東進 75	東京工業大学	東京
東進 75	上智大学	東京
東進 74	立教大学	東京
東進 74	法政大学	東京
東進 74	同志社大学	京都
東進 74	東京外国語大学	東京
東進 74	筑波大学	茨城
東進 74	国際基督教大学	東京
東進 74	大阪大学	大阪
東進 73	中央大学	東京
東進 73	関西学院大学	兵庫
東進 73	青山学院大学	東京
東進 72	明治大学	東京
東進 72	名古屋大学	愛知
東進 71	立命館大学	京都
東進 71	北海道大学	北海道
東進 71	東北大学	宮城
東進 71	東京理科大学	東京
東進 71	神戸大学	兵庫
東進 71	九州大学	福岡
東進 71	お茶の水女子大学	東京
東進 70	南山大学	愛知
東進 70	千葉大学	千葉
東進 70	神戸市外国語大学	兵庫
東進 70	京都府立大学	京都
東進 69	広島大学	広島
東進 69	東京都立大学	東京
東進 69	関西大学	大阪
東進 69	学習院大学	東京
東進 68	奈良女子大学	奈良
東進 68	名古屋市立大学	愛知
東進 68	大阪市立大学	大阪

ranking/)、「駿台予備学校 合格目標ライン一覧表」(『大学
toshin-hensachi.com/) をもとに作成
る場合は本部キャンパスのある都道府県を記している

河合塾偏差値	大学	所在地
河合塾 70.0	早稲田大学	東京
河合塾 70.0	慶應義塾大学	東京
河合塾 67.5	東京大学	東京
河合塾 67.5	京都大学	京都
河合塾 67.5	一橋大学	東京
河合塾 67.5	東京外国語大学	東京
河合塾 67.5	上智大学	東京
河合塾 67.5	国際基督教大学	東京
河合塾 67.5	関西学院大学	兵庫
河合塾 67.5	青山学院大学	東京
河合塾 65.0	立命館大学	京都
河合塾 65.0	立教大学	東京
河合塾 65.0	明治大学	東京
河合塾 65.0	法政大学	東京
河合塾 65.0	同志社大学	京都
河合塾 65.0	東京工業大学	東京
河合塾 65.0	筑波大学	茨城
河合塾 65.0	お茶の水女子大学	東京
河合塾 65.0	大阪大学	大阪
河合塾 62.5	北海道大学	北海道
河合塾 62.5	名古屋大学	愛知
河合塾 62.5	東京理科大学	東京
河合塾 62.5	中央大学	東京
河合塾 62.5	千葉大学	千葉
河合塾 62.5	神戸大学	兵庫
河合塾 62.5	神戸市外国語大学	兵庫
河合塾 62.5	京都府立大学	京都
河合塾 62.5	関西大学	大阪
河合塾 60.0	広島大学	広島
河合塾 60.0	南山大学	愛知
河合塾 60.0	奈良女子大学	奈良
河合塾 60.0	名古屋市立大学	愛知
河合塾 60.0	東北大学	宮城
河合塾 60.0	東京都立大学	東京
河合塾 60.0	九州大学	福岡
河合塾 60.0	学習院大学	東京
河合塾 60.0	大阪市立大学	大阪

駿台偏差値	大学	所在地
駿台 68	東京大学	東京
駿台 67	慶應義塾大学	東京
駿台 65	京都大学	京都
駿台 65	早稲田大学	東京
駿台 64	一橋大学	東京
駿台 64	東京外国語大学	東京
駿台 63	上智大学	東京
駿台 62	東京工業大学	東京
駿台 61	大阪大学	大阪
駿台 60	筑波大学	茨城
駿台 59	国際基督教大学	東京
駿台 59	同志社大学	京都
駿台 59	お茶の水女子大学	東京
駿台 59	京都府立大学	京都
駿台 59	名古屋大学	愛知
駿台 58	中央大学	東京
駿台 58	東京理科大学	東京
駿台 58	東北大学	宮城
駿台 58	北海道大学	北海道
駿台 57	明治大学	東京
駿台 57	神戸大学	兵庫
駿台 57	九州大学	福岡
駿台 57	広島大学	広島
駿台 56	千葉大学	千葉
駿台 56	神戸市外国語大学	兵庫
駿台 55	青山学院大学	東京
駿台 55	立教大学	東京
駿台 55	立命館大学	京都
駿台 55	関西学院大学	兵庫
駿台 55	東京都立大学	東京
駿台 55	奈良女子大学	奈良
駿台 54	南山大学	愛知
駿台 54	学習院大学	東京
駿台 54	名古屋市立大学	愛知
駿台 54	大阪市立大学	大阪
駿台 52	法政大学	東京
駿台 52	関西大学	大阪

図表 26　塾・予備校の大学偏差値ランキング

※「河合塾 Kei-Net 入試難易予想ランキング表」(https://www.keinet.ne.jp/university/
受験案内 2021』晶文社)、「東進の大学入試偏差値ランキング」(https://www.
※三大都市圏以外にある大学をグレーにしている　※所在地の都道府県が異な

て国立大学です。三大都市圏にはなくても、歴史的に作り上げられてきた威信から考えて妥当な結果と言えるでしょう。なお、筑波大学、奈良女子大学は、所在する茨城県、奈良県が三大都市圏から通学圏の距離にあり、これは三大都市圏の大学と見なしていいと思います（この場合は三大都市圏の大学が占める割合は89・2％）。こうして、**トップランクする大学の約九割が三大都市圏にある**と理解することができます。

どうしてこうも偏差値トップランクの大学が三大都市圏に集中するのでしょうか。考えられる大きな理由はすでに述べました。とくに、次の二つは重要です。

①受験生（サンプル）の半数が三大都市圏にいること
②①の多くが在住の都市圏にある大学（全国の半数を占める）を志望する傾向があること

興味深いことに、大学案内等の書籍で紹介される大学のほとんどは三大都市圏にある大学ばかりです。なぜでしょうか。偏差値が高い大学だからというのはもちろんあるでしょう。しかし、私はそれだけではなく、出版社が東京を中心とする三大都市圏にあるからだとも思います。彼らは自分たちが知っている大学を紹介しているだけで、地方にいかにいい大学があるかをほとんど知らないのだと思います。地方の大学も彼らに向けて十分な広報ができていません。

医療系学部・学科や一部の国立大学を別として、偏差値やそこから算出される大学偏差値ランキングというのは、はじめから三大都市圏にいる人たちに有利に導き出されるようになっています。偏差値を操作する人、紹介する人のほとんどは三大都市圏の人たちです。そして、それ以外の県に在住する人たちはこれにとくに反発することもなく、従順にそういうものかと信じて、生徒には身近にある良い大学よりも、都会を経験した方が良いという理由を付して、三大都市圏の大学を勧めてきたかもしれません。これがこの半世紀の実情です。

第4節　偏差値をどのように利用するか

大学偏差値ランキングは、一般的には、一般選抜で大学入学試験を課す大学の難易度を表すものです。したがって、**大学偏差値ランキング、イコール「良い大学」であるとは限りません。**

河合塾のウェブサイト「入試難易予想ランキング」(https://www.keinet.ne.jp/university/ranking/)では「ランキングボーダーラインはあくまでも入試の難易度を表したものであり、各大学の教育内容や社会的位置づけを示したものではありません」と丁寧に記載されています。**一般選抜を実施する大学を受験する場合には、偏差値は利用すべき有効な指標であると**言えるでしょう。

本書の「はじめに」で述べたように、**総合型選抜や学校推薦型選抜等で大学を受験する場合で教科の試験がない場合でも、自分の能力に合ったレベルの大学を選ぶのに偏差値は参考になります。**大学は知識を学ぶだけの場ではなく、他の学生と議論したり協働で活動したりして自らの能力を高める場でもあります。相手方の学生たちの能力のレベルが低すぎたり高すぎたりすると、自身の能力を高めるための学びと成長の場にならないことがあります。

その上で、第3節で述べたことには注意が必要です。医療系の学部・学科や国立大学を除き、高偏差値大学は三大都市圏に集中しています。三大都市圏には受験生（高校生）が絶対数として圧倒的に多くいます。彼らの多くは在住の都市圏の大学を目指す傾向があります。こうして、とくに**地方の受験生は、三大都市圏の受験生に割って入って高い順位を得て、高偏差値の大学に合格することが求められます。**それが自身の「大学選び」の結果であるなら、頑張って偏差値を上げて、三大都市圏の受験生に負けないようにするだけのことです。私は、このあたりは現実のものとしてある程度ドライに捉えています。

逆に、**三大都市圏の受験生は、自身が在住する都市圏の大学を志望する以上、知らず知らずのうちに難しい土俵で闘っている**ことを自覚した方がいいかもしれません。経済的な問題が許すなら、三大都市圏以外にある大学もいろいろ調べて、自分が学んでみたいと思える大学を見つける方が賢い場合もあります。**東京を中心とする首都圏在住の高校生は、首都圏以外の三大都市圏、すなわち関西圏・名古屋圏の大学も候補に含めて「大学選び」をした方がいい**と思います。本書では「三大都市圏」を一まとめにして扱っていますが、やはり首都圏は関西圏・名古屋圏よりも圧倒的に人口が多いですから、同じ理屈で、首都圏の大学は関西圏・名古屋圏のそれよりも偏差値が高くなるようになっています。受験生にとって、首都圏の大学は最も難しい土俵であると言えます。大学受験にかける多大な労力の一部を、大学へ入学してからの学びと成長に回すという考え方もあるでしょう。いずれの場合でも、自身の「大学選び」の質を高めることが重要です。

図表27は、リクルートワークス研究所の機関誌『Works』で紹介された、大学・大学院生を対象に行った「大学を選んだ理由は？」の調査結果です。「その大学の学部・学科で学びたいことがあるから」（44・9％）が約半数を占めていることは、大学入学後の学習を考えて「大学選び」が

図表27　「大学選び」の理由（複数回答）

（%）

その大学の学部・学科で学びたいことがあるから	44.9
偏差値がちょうどよかったから	34.9
自宅から通えるから	23.0
大学名のブランド力が強いから	21.8
将来つきたい業種・職種に役立つと考えたから	17.7
将来つきたい業種・職種にはその学部・学科で学ぶことが必須だから	16.3
学ぶ内容が、就職に強いと考えたから	13.6
親・学校の先生などに勧められたから	13.5
学校推薦があったから	10.4
その大学の学部・学科に魅力的な教授がいるから	6.9
外国人が多い、施設が充実しているなど、学ぶ環境に魅力を感じたから	5.6
AO入試など、自分の得意分野で受験できたから	4.7
その他	4.4

※リクルートワークス研究所『Works』164(2021.02-03)のグラフ1「大学を選んだ理由は？」(p.15)より作成

※調査対象は、大学3年生774人、4年生1,018人、大学院（修士）1年生118人、2年生以上（138人）、計2,048人（男性1,024人、女性1,024人）。インターネット調査により実施

なされているという意味で、健全な結果だと言えます。

他方で、「偏差値がちょうどよかったから」は34・9％しかありません。この回答の中では二番目に多い結果であるものの、複数回答であることを踏まえれば、**偏差値で「大学選び」をしている人は全国的にはもはやあまり多くない**実態を示唆しているのかもしれま

せん。近年、総合型・学校推薦型選抜（これまでのＡＯ・［指定校］推薦入試）が増加して大学入学選抜方法が多様化していますから、その表れもあるでしょう。

第5節　偏差値の高い大学が本当に就職に有利か？

「就職のことを考えれば、現実には偏差値が結局大事になるのでしょう」という声が今でも聞かれます。このテーマについては場合分けをしてお話しします。

(1)偏差値が高くない大学に入ると就職できない？

就職する気持ちさえあるなら、これへの回答は基本的にＮＯです。データを見ましょう。

図表28は週刊東洋経済で掲載されている全国大学の「三年間実就職ランキング」の中から、ベスト20の大学を人文系、経済・経営・商学系、理工学系の学部別に抽出したものです。一般的に各大学で公表される就職率は、

（就職者数÷就職希望者数）×100

7	南山大学	私立	愛知県	95.9
7	新潟医療福祉大学	私立	新潟県	95.9
10	日本福祉大学	私立	愛知県	95.6
11	岐阜聖徳学園大学	私立	岐阜県	95.5
12	甲南大学	私立	兵庫県	95.4
13	愛知学院大学	私立	愛知県	95.2
14	産業能率大学	私立	東京都	95.1
14	一橋大学	国立	東京都	95.1
14	金沢大学	国立	石川県	95.1
17	下関市立大学	公立	山口県	95.0
18	高知工科大学	公立	高知県	94.6
19	明星大学	私立	東京都	94.3
20	兵庫県立大学	公立	兵庫県	94.2

順位	理工系学部を持つ大学	国公私立	都道府県	実就職率（%）
1	富山県立大学	公立	富山県	99.2
2	東北工業大学	私立	宮城県	98.9
3	福山大学	私立	広島県	98.6
4	金沢工業大学	私立	石川県	98.2
5	福井大学	国立	福井県	98.1
6	愛知工業大学	私立	愛知県	97.8
6	福岡工業大学	私立	福岡県	97.8
8	名城大学	私立	愛知県	97.6
9	新潟工科大学	私立	新潟県	97.1
9	広島工業大学	私立	広島県	97.1
11	芝浦工業大学	私立	東京都	97.0
12	中部大学	私立	愛知県	96.7
12	大阪工業大学	私立	大阪府	96.7
14	東京工芸大学	私立	東京都	96.6
15	近畿大学	私立	大阪府	96.5
16	工学院大学	私立	東京都	96.4
17	愛知工科大学	私立	愛知県	96.3
18	福井工業大学	私立	福井県	96.1
19	関西大学	私立	大阪府	96.0
19	九州工業大学	国立	福岡県	96.0

順位	人文系学部を持つ大学	国公私立	都道府県	実就職率（%）
1	名古屋女子大学	私立	愛知県	97.5
2	岐阜女子大学	私立	岐阜県	95.5
3	ノートルダム清心女子大学	私立	岡山県	95.3
4	安田女子大学	私立	広島県	94.1
5	武庫川女子大学	私立	兵庫県	93.2
6	三重大学	国立	三重県	93.1
7	東京家政大学	私立	東京都	92.0
8	名古屋大学	国立	愛知県	91.8
9	愛知淑徳大学	私立	愛知県	91.5
9	神戸女学院大学	私立	兵庫県	91.5
11	金沢大学	国立	石川県	91.4
12	フェリス女学院大学	私立	神奈川県	91.3
13	茨城キリスト教大学	私立	茨城県	91.1
14	新潟大学	国立	新潟県	91.0
15	山形大学	国立	山形県	90.8
15	聖心女子大学	私立	東京都	90.8
15	金城学院大学	私立	愛知県	90.8
18	日本女子大学	私立	東京都	90.7
19	愛知淑徳大学	私立	愛知県	90.6
20	甲南大学	私立	兵庫県	90.5

順位	経済・経営・商学系学部を持つ大学	国公私立	都道府県	実就職率（%）
1	ノースアジア大学	私立	秋田県	100.0
2	安田女子大学	私立	広島県	99.2
3	福井県立大学	公立	福井県	97.0
4	東京理科大学	私立	東京都	96.5
5	静岡県立大学	公立	静岡県	96.4
6	東京都市大学	私立	東京都	96.3
7	中部大学	私立	愛知県	95.9

図表 28　就職率の高い全国ベスト 20 の大学（人文系、経済・経営・商学系、理工系学部を持つ大学）

※週刊東洋経済臨時増刊『本当に強い大学 2019』No.6860（2019 年 6 月 5 日発行）の「3 年間実就職率ランキング」（pp.60-63）より作成

※三大都市圏以外にある大学をグレーにしている

で算出される数値です。就職率は年度の最後に算出しますので、たとえばうまく決まらず途中で就職活動を断念した人は「就職希望者」から外されて計算されます。その結果、どの大学も就職率が100％に近い数値になり、大学の就職率の実態がわかりにくいことが関係者の間で問題視されていました。ここで示される「実就職率」というのは、

就職者数÷（卒業生数－大学院進学者数）×100

で算出される数値です。このように、卒業生数のうち就職した人の割合を算出すれば、かなり実態に近い数値が示されます。ただし、大学院進学者の数は卒業生数から引いておきます。図表28は、この数値を二〇一六年から二〇一八年の三年間の平均「実就職率」として示したものので、単年度のブレが出ないように補強されています。

図表を見ればすぐわかるように、どの系統の学部においても偏差値の高い大学が必ずしも上位にランクインしていない実態が見て取れます。この図表の中で、図表26の高偏差値大学にランクインしている大学は、以下の大学だけです。偏差値トップ大学の東京大学、京都大学、早稲田大学、慶應義塾大学の名前は見られません。この結果は、私が全国の大学の就職状況を見てきた経験にも、そして京都大学で二〇年勤めてきた経験にも合致します。

- 人文系：名古屋大学（8位）
- 経済・経営・商学系：東京理科大学（4位）、南山大学（7位）、一橋大学（14位）
- 理工系：関西大学（19位）

読売新聞教育部が実施した『大学の実力2014』データ（655大学2,050学部が回答）を用いて、大学の偏差値（代々木ゼミナールの偏差値指標を利用）と（正規雇用への）就職率との関係を分析した研究においても、両者の関係は有意に見出されませんでした（中島，2015）。高偏差値の国立大学や私立大学の就職状況が悪いわけではありません。しかし、**高偏差値の大学でも、「就職に有利」どころか、就職それ自体さえうまくできない人がいること**（多くの場合は、主体性やコミュニケーション力、協調性が低いと見なされています）、**逆に偏差値が高い大学でなくても就職は問題なくできていること**を図表28は示唆しています。

⑵大企業に就職するためには偏差値がより高い大学に行かないといけない？

図表29は、マイナビ・日経『二〇一九年卒大学生就職企業人気ランキング』の調査結果から、

文系・理系それぞれのランキング10社を抽出したものです。「大企業に就職したい」の「大企業」というのが、図表29のような大学生に人気のある**「大手人気企業」を指すのであれば、問いに対する回答はＹＥＳでしょう。**しかし、ここにはからくりがありますので、後で補足します。

中島（2015）の研究を紹介します。中島は、同様の『二〇一三年卒マイナビ大学生就職企業人気ランキング』データを用いた分析結果を報告しています。同データから「文系ランキング100社」「理系ランキング100社」双方に共通する大手人気企業35社を抽出し、さらに『サンデー毎日』で毎年取り上げられる有力大学77校を選び、大学の偏差値と大手人気企業35社への就職者数（『二〇一三年卒マイナビ大学生就職企業人気ランキング』に掲載されている各有力大学への就職者数の数値を利用）との関係を分析しました（**図表30**を参照）。専門家以外には難しい結果の図表ですが、大事なところですので紹介します。

図表を見ると、偏差値の係数が4.5763で、１％水準（*** p<.01）で有意に偏差値が大手人気企業への就職者数に影響を及ぼしていることがわかります。著者はこれをもって、「偏差値が高くなるほど「大手人気企業への就職者数」は増加する」（p.209）と考察しています。

さて、ここからが大事なポイントです。たしかに偏差値の「大手人気企業への就職者数」へ

文系総合ランキング

順位	企業名	本社
1	全日本空輸（ANA）	東京都
2	日本航空（JAL）	東京都
3	東京海上日動火災保険	東京都
4	JTB グループ	東京都
5	オリエンタルランド	千葉県
6	エイチ・アイ・エス（H.I.S.）	東京都
7	ソニー	東京都
8	損害保険ジャパン日本興亜	東京都
9	伊藤忠商事	東京都 / 大阪府
10	資生堂	東京都

理系総合ランキング

順位	企業名	本社
1	ソニー	東京都
2	味の素	東京都
3	明治グループ	東京都
4	カゴメ	愛知県 / 東京都
5	サントリー	大阪府
6	森永乳業	東京都
7	NTT データ	東京都
8	資生堂	東京都
9	トヨタ自動車	愛知県
10	アサヒビール	東京都

図表29　大学生就職企業人気ランキング（2019年卒大学生対象）

※マイナビ・日経『2019年卒大学生就職企業人気ランキング』結果をもとに作成 https://www.mynavi.jp/news/2018/04/post_16932.html
※2020年卒のものは、コロナ禍の影響でずいぶん結果が変わったので、ここでは2019年卒のものを示している

	大手人気企業への就職者数	
	係数	標準誤差
偏差値	4.5763***	0.3847
国公立大学ダミー	− 20.7283***	4.6306
理工系ダミー	34.9559***	3.6068
東京ダミー	14.5265***	4.0383
京阪神ダミー	14.4534***	3.6186
女子大学ダミー	− 24.4031***	6.3795
定数項	− 237.8750***	19.3810
サンプルサイズ	460	
自由度修正済 R^2	0.5183	

*** p<.01

図表30　偏差値が大手人気企業への就職者数に及ぼす影響の分析結果（重回帰分析）

※中島（2015）、表11（p.209）より作成

※ここで示す結果は「その1」とされる分析結果であり、表11には「その2」の分析結果も示されている。本書の読者には情報量が多いことと、この図表から本書で示唆したいことは、「その1」の結果だけで十分なので、ここでは「その1」の結果だけを示している

の影響は統計的に認められるのですが、それよりも図表には他に、統計的に有意で数値の大きな変数が見られます。重回帰分析の係数は、大きい数値の変数が小さいそれよりも影響力の大きいことを表します。正負は関係ないので、数値の大きな順に並べると、「理工系ダミー（34・9559）」「女子大学ダミー（マイナス24・4031）」「国公立大学ダミー（マイナス20・7283）」「東京ダミー（14・5265）」「京阪神ダミー（14・4534）」が該当します。なお、高校生の皆

さんは「ダミー」という用語は無視してください。理工系学部に所属する人、東京にある大学に所属する人などと理解していいもので、学術的には「統制変数」と呼ばれるものです。最大限簡潔に説明すれば、（大学の）偏差値と「大手人気企業への就職者数」との関連を見るだけでなく、そこに学部（理工系かそれ以外か）の違いや、国公立か私立かという大学の設置形態の違い、さらには大学の所在地（東京か京阪神か）の違いなどが影響を及ぼしていると仮説を立てて、その影響が仮定される変数を「ダミー変数」として組み込み分析する手法です。

話を戻して、ダミー変数の影響を見て、なぜ「理工系ダミー」がそんなに高い値（34・959）を示しているかはよくわかりません。論文でも説明されていません。それよりも、ここで説こうとしていることに照らしてはっきり言えることは、偏差値の影響はたしかに認められるものの、それよりも「国公立大学ダミー」（－）、「東京ダミー」（＋）、「京阪神ダミー」（＋）の影響のほうがはるかに大きいことです。つまり、「大手人気企業への就職者数」には、「偏差値」よりも「東京ダミー」「京阪神ダミー」といった三大都市圏にある大学の所在地がより大きく影響を及ぼしているということです。

「国公立ダミー」は負の値ですので、国公立大学の卒業者よりも私立大学の卒業者がより大きく影響を及ぼしていることを示唆していますが、これは単純に定員の違いから来る結果だろうと考えられます。つまり、日本で最も多い私立・日本大学の定員が、最も多い国立・大阪大学の定員の五倍であるといったことから明らかなように（図表25を参照）、三大都市圏にあるいくつかの私立大学の定員は国公立大学のそれよりもはかるかに多い数字です。国公立大学に比べて私立大学の影響力が大きいという結果が出たとしても、それは就職者数のことであって、このことが国公立大学が私立大学に比べて劣っていることを示唆するわけではありません。

以上の結果は、図表26で示した高偏差値の大学が三大都市圏に集中すること、図表25で示した、定員数の多い1位〜32位の大学すべてが三大都市圏にあり、そのうちの29校が私立大学であることと見事に一致します。加えて、1位〜32位の大学の多くは高偏差値大学でもあります（図表26を参照）。ポイントを理由をつけてまとめておきます。

大手人気企業に就職したければ、
①偏差値の高い大学＋②三大都市圏にある大学　の条件を満たす「大学選び」をする
（理由）大手人気企業は高偏差値の大学生を優先して採用する傾向があり、その高偏差

大学の多くが三大都市圏にあります。三大都市圏にある大学は国公私立を問わず定員が多く、必然的に大手人気企業への特定の大学の採用数が目立つ結果となります。①の条件を満たしつつそれに②の条件が加われば、大手人気企業に就職できる確率はより高くなると考えられます。

第6節　補足

(1)「大企業に就職すれば将来安泰である」の見方は改めよ

「大企業に就職したい、そのために偏差値の高い大学に行きたい」、そう思うならそれはそれでけっこうなことです。しかし、**「大企業は将来安泰である」という見方は過去の話**で、理解が間違っていますので、その点は見方を修正しておくよう助言します。

この話はもうし尽くされているので、ここでは、過去に「将来安泰」と言われたさまざまな業種の大企業が、バブル経済の崩壊以降、倒産あるいは経営危機を迎え、社員のリストラ、給与カット等を行ってきたことだけを述べるにとどめます。もしそんなことは知らなかったと言うのなら、インターネットで調べて考えを改めてください。説明サイトがたくさん出てきます。

⑵言葉通りの「大企業」でいいなら「大学選び」はもっと簡単になります

第5節⑵で扱った「大手人気企業」をイコール「大企業」であると思っていないでしょうか。この点の補足をしておきます。

実は、大企業の直接的な定義は世の中に存在しません。あるのは中小企業の定義だけです。中小企業基本法によれば、中小企業は、業種（製造業その他・卸売業・サービス業・小売業）によって基準は異なりますが、資本金と従業員数の二つの要素から**図表31**のように定義されています。そのうち、従業員が二〇人以下あるいは五人以下だと「小規模事業者」とも呼ばれます。

大企業とは、ここで定義される「中小企業（小規模事業者を含む）」より大きな企業であると、二次的に定義されるものです。この意味での大企業は、実数として全国に一一、〇〇〇社あるとされます（中小企業庁『二〇二一年版 中小企業白書・小規模事業白書』）。高校生の皆さんが知らない企業がたくさんあるはずです。

そして、この定義に照らせば、大企業＝上場企業であるとは限りませんし、大きな企業はグ

図表31　中小企業・小規模事業者の定義

	中小企業		うち小規模事業者
業種	資本金	従業員数	従業員数
製造業その他	3億円以下	300人以下	20人以下
卸売業	1億円以下	100人以下	5人以下
サービス業	5,000万円以下	100人以下	5人以下
小売業	5,000万円以下	50人以下	5人以下

※中小企業庁ウェブサイト「中小企業基本法」第2条より
https://www.chusho.meti.go.jp/koukai/hourei/kihonhou/

ループ会社や100％子会社を持っていることが多いですから、冠の名前は有名な大企業のそれと同じでも、図表の定義に照らして見ていけば中小企業であることが少なくありません。同様に、第5節(2)で扱った大手人気企業が中小企業であることもあります。

以上の知識を押さえて、大企業には高偏差値の大学生しか採用されないのかという問題を考えてみます。一般職の採用を加えると話が複雑になりますので、総合職や理科系の技能系専門職の採用に限って考えていきます。

まず、大企業からすれば、就職活動において高偏差値の大学生からの応募が積極的になされますので、無理して全国の偏差値帯にいるすべての大学生をくまなく見渡す必要は無いという状況があります。だから、大企業に就職するためには、高偏差値の大学に入らなければならない、という一般的な見方が生まれます。しかし、**ここで言う「高偏差値の大学生」というのが、すべて三大都市圏の大学生であるとは限らないこと**を知ってください。この視点を持つことで「大学選び」の質は格段に広がります。大企業にもいろいろあるので、三つに分けて話を進めましょう。

一つに、第5節(2)で扱った「大手人気企業」としての大企業の場合です。そもそも「大手人気企業」のランキングに投票している多くが三大都市圏にいる大学生ですから（この論理は第3節で説明したことと同じです）、大手人気企業に本当に入りたいのなら、第5節(2)でまとめたように、高偏差値の大学＋三大都市圏にある大学の組み合わせで考えていくしかありません。大手人気企業なのですから、先にお話しした「大学生の就職活動において高偏差値の大学から積極的に応募がなされますので、無理してすべての偏差値帯にいる全国の大学生をくまなく見渡す必要は無い」という状況は、他の大企業よりもいっそう当てはまります。これはすでにお話ししたことの確認です。次に行きましょう。

二つに、全国に支社・支店、工場、研究所などを持つ大企業の場合です。これが最も一般的な「大企業」なるものです。この手の大企業においても、採用数の多さ、高偏差値の大学生が積極的に応募してくること、その高偏差値の大学の多くが三大都市圏にあることから（第3節を参照）、全体的には採用が三大都市圏の高偏差大学出身者で占められるのが一般的です。しかし、**それは見えであり、その数や割合に圧倒されてはいけない**というのがここでのポイントです。

たしかに、大企業への三大都市圏の高偏差値大学出身者の採用者の割合は高いかもしれません。そして、雑誌の大企業各社の採用大学ランキングなどを見ると、三大都市圏の高偏差値大学名がずらりと並ぶかもしれません。しかし、**このことは三大都市圏以外、つまり地方の大学出身者が採用されていないことを意味するものではありません。ましてや、採用の対象から外れているわけでもありません。**もともと地方の大学数、学生数自体が多くはなく、また応募も全体から見ると少ないわけですから、話題にはならないかもしれませんが、**実際に地方大学の学生は応募しており、採用もされています。**なぜなら、先ほどお話ししたように、大企業たるもの、全国に支社・支店、工場、研究所などを持っており、人材を全国に配置させなければならないからです。たとえば三大都市圏在住の人を採用して地方の支社に配属させるのは、企業にとって住宅手当や単身赴任手当などを出すことでコストがかかります。地方配属を希望しない人も出てきます。そのようなコストや人事配置を考えれば、三大都市圏の大学からのみ採用するのは企業にとっても不利益です。さらに、有名な大企業の中に三大都市圏以外に本社がある企業が少なからずあります。近年では、本社機能を経費のかかる三大都市圏から地方に移転している企業も増えています。このような企業の場合には、この話はいっそう当てはまります。本社をはじめ全国のすべての従業員を三大都市圏の大学から採用・配属・転属させることはできないという事情を知っておくことが重要です。地方の大学生にとって、それだけの理由で大企業に就職できるチャンスが低くなることは決してないということです。

三つに、地方の大企業の場合です。必ずしも大企業＝三大都市圏中心、大企業＝全国に支社・支店、工場、研究所を持っている、ということではありません。図表31の定義に照らした全国11,000の大企業の中には、**主に地方でのみ事業をする企業がたくさんあります。**銀行や信用金庫、テレビ会社、新聞社、電力・ガス等のインフラ系の会社はその代表例です。このような会社にももちろん三大都市圏の大学生は応募してきて、必ずしもその地方の大学生だから優先して採用されるというわけではありません。しかし、少なくとも一つ目、二つ目の大企業と違って、三大都市圏の大学生に割って入って競争することにはなりません。**地方の高偏差値大学であれば、この手の大企業への応募はむしろ有利だ**とも言えます。

以上見てきたように、言葉通りの「大企業」でいいなら、高偏差値の大学という条件つきの場合でも「大学選び」の選択肢は豊かに広がります。地方の大学まで選択肢に加えていけば、「大学選び」はもっと簡単になります。

地方大学の偏差値をどのように見ればいいかについても補足しておきましょう。

第3節で説明してきたことから推論すれば、三大都市圏にある大学は三大都市圏にあるというだけで偏差値が5〜10上がるようになっていると考えられます。三大都市圏に集中する高校生の人口がそのロジックを作っているからです。言い換えれば、三大都市圏以外の地方の大学は、本来あるべき偏差値から5〜10低くなっているということでもあります。それならば、**今示されている地方の大学の偏差値に5〜10を足してみればいい**のではないでしょうか。この作業によって、地方の大学の中に、伝統の名に恥じない高偏差値大学として感じられる大学があるのではないでしょうか。

大企業がそういう目で見てくれないということについては、心配しないでいいと言っておきます。多くの場合、三大都市圏の有名大学の名前が効いてくるのは、面接が進む中でのことです。応募の段階で、地方大学出身ということだけで対象外となることはありません。むしろ大企業は都市部の学生であれ地方の学生であれ、力のある学生は積極的に採用したいと考えています。三大都市圏の有名大学からたくさん応募がなされ、絶対数として多く採用されるとしても、先ほどお話しした地方の大学生が一定程度採用されている事実に目を向けてください。採用ランキング上位に地方大学の名前が掲げられなくても、地方大学の学生にも大企業就職のチャンスは十分にあるということです。先に説明した大企業の三つの異なる特性も踏まえれば、問題はいっそう小さくなります。

三大都市圏の大学はやめておけ、地方の大学がいいぞ、と勧めているわけではないので、誤解のないようにお願いします。三大都市圏にある大学で志望する大学があれば、難しい土俵ではあっても、頑張って目指せばいいと思います。しかし、高偏差値の大学を志望する、将来大企業に入りたいと言う高校生に対して、それが本当に言葉通りの希望であるなら、三大都市圏以外にもその条件を満たす大学はあり、就職においても困るわけではないという事実を伝えているのです。高偏差値の大学は三大都市圏に集中していても、三大都市圏だけに存在するわけではありません。今示される偏差値に５～10加えて地方の大学を見ていけば、かなり実態に近い見えが生まれてきて、そして**就職においてその見なしが問題になることはありません。**それがここで補足したいことです。

もっとも、就職活動において地方大学の学生が三大都市圏の学生と比べて不利になることはあります。代表的な例は、面接に出向く交通費と時間の工面です。何度も都市部にある大企業に面接で行ったり来たりすることができないという問題は実際に起こっています。しかし、それだけの理由で三大都市圏の大学を選ぶというのは馬鹿げた話です。また、コロナ禍の中で少なくとも最初の面接はオンラインにした大企業が多くあり、この傾向はポストコロナでも続くものと考えられています。地方大学の学生にとっての不利な条件は解消されつつあります。また、大企業の採用担当者から**「地方の学生はおとなしい」という印象**を時々聞かされます。これは資質・能力の問題ですので、**ポイント3**を踏まえて「大学選び」を行い、大学生の間にしっかり資質・能力を鍛えるしかありません。そして、この話は三大都市圏にある大学の学生にも当てはまることです。**いくら高偏差値の大学であっても、三大都市圏にある大学であっても、主体性やコミュニケーション力、問題解決力などの資質・能力が弱い大学生は就職活動で苦労します。**トップ大学の学生でも大企業から不採用をもらっている人が少なからずいることを忘れないでください。

注

10　小野瀬（1992）を参照。

11　乾（1986）は一九六二〜一九六三年頃と述べている。河野（2004）、NHK取材班（1983）も参照。

12　成田（2018）を参照。

13　岡本（1985）を参照。

14　北村（1984）を参照。

15　リクルート『進学センサス2019』の調査結果によれば、最終的に進学した大学は、全国で63・9％の人が「家から通えるエリア」であり、その傾向は三大都市圏と見なされる南関東（91・3％）、関西（79・9％）で突出している。株式会社リクルートマーケティングパートナーズ　まなび事業統括本部リクルート進学総研『進学センサス2019―高校生の進路選択に関する調査』（二〇一九年七月）

第5章　ポイント5　三大都市圏以外の大学を選択肢に含める

ポイント5「三大都市圏以外にある大学を選択肢に含める」は、すでにポイント4の第4章第6節(2)で説明を終えていますので、詳しくはそちらを読んでいただきたいと思いますが、重要なポイントなので、ここで取り出しておきます。ご家庭の経済事情が許すなら、是非**三大都市圏以外の大学にも目を向けて「大学選び」の選択肢を拡げてください。**

すでに説明しましたように、三大都市圏にある大学は三大都市圏にあるというだけで偏差値が5〜10は高くなるようになっていると考えられます。偏差値は三大都市圏にある大学が有利になるような仕組みになっているのです。三大都市圏にある大学を志望する以上、難しい土俵で闘うことを自覚しなければいけません。**三大都市圏以外には、偏差値が実際以上に低くなっている良い大学がいくつもあります。**第4章第6節(2)で説明したように、示される偏差値に5〜10を足して地方の大学を見てみてください。きっと、地方の大学の中に伝統の名に恥じない高偏差値大学として感じられる大学があるはずです。そして、大企業がいいかどうかは知りませんが、その場合でも、地方大学の学生にとって大企業への就職は、第４章第６節(2)の大企業の持つ三つの特性を押さえることで問題はありませんので、その点も心配する必要はないと言っておきます。

以上を踏まえた上で、三大都市圏以外の地方の高校生への助言です。地方在住の高校生にとって **ポイント5** は、地元の大学でいいということではありません。地元の大学も含めて、広く全国の大学を調べて「大学選び」の質を高めてください。地方をテーマにする研究からは、「地元の大学でいい」と思う気持ちが、そもそも学びと成長のドライブを弱めるという一貫した知見が示されています[16]。ご家庭の経済的事情によりますが、地元は大学受験を機会に一度出たほうがいいと思います。地元が好きな人、貢献をしたい人は、他地域の大学にいったん出て力をつけて戻ればいいと思います。ご家庭の経済的事情が許さず地元の大学に進学する場合でも、大学生になってアルバイトなどをしながら他地域との交流や学び、留学などをすればいいと思います。興味のある大学が三大都市圏にあるならば、難しい土俵であっても挑戦すべきです。同じ「地方」と呼ばれるにしても、他の地方は自身の地方とはまったく違う魅力と難しさを持っているはずです。それを経験することは、大学卒業後のライフ（仕事・社会）に大きく役立つことと思います。三大都市圏やある地方の雰囲気やイメージで「大学選び」をするのではなく、大学がどのような教育を提供してどのように学生を学び成長させたいと思っているか、とくに本書で言う**ポイント3**を押さえて「大学選び」をしてほしいと思います。

三大都市圏に在住の高校生も、三大都市圏にある特定の大学にこだわる理由がないのなら、三大都市圏以外の地方の大学も調べて「大学選び」の質を高めてください。

また**東京を中心とする首都圏に在住の高校生は、首都圏以外の三大都市圏、すなわち関西圏・名古屋圏の大学も候補に含めて「大学選び」をした方がいい**と思います。本書では「三大都市圏」を一まとめにして扱っていますが、やはり首都圏は関西圏・名古屋圏よりも圧倒的に人口が多いですから、同じ理屈で、首都圏の大学は関西圏・名古屋圏のそれよりも偏差値が高くなるようになっています。受験生にとって、首都圏の大学は最も難しい土俵であることを知ってください。

受験学力の高い人にも、助言しておきます。そのような人は、三大都市圏にある高偏差値大学をねらう十分な能力があるでしょうが、是非三大都市圏以外の大学も調べて、興味のある大学が見つかればそれも候補に加えて検討するようにしてください。本来、受験学力が高いと「大学選び」の選択肢は増えるはずですが、このような**受験学力が高い人こそ逆に偏差値だけで大学を選び選択肢を狭める傾向があります。**自身のライフ（大学・仕事・社会）における学びと成長のために、大学の教育的取り組みも見て（**ポイント3**を参照）、その上で自身に適した大学を選んでください。同じ三大都市圏にあり、**同じレベルの高偏差値大学の間でも、この ポイント3 を踏まえることで、大学間にかなり違いのある**ことが見えてきます。

注

16　平尾・重松（2006）、労働政策研究・研修機構（2015）、溝上（2020b）を参照。

第6章　(おまけ) 中小企業はおもしろい！――大企業だけが企業ではない

高校生と話をすると、すぐ「将来安泰の職に就きたい」といった話をされますが、第4章第6節(1)で述べたように、もはや大企業でも先が安定して見通せる状況ではありませんので、くどいですが、ここは確認してください。

公務員も同じです。公務員は定時に帰宅できて、営業ノルマもなく、将来安泰と言われてきました。これも過去の話です。今や官公庁においても企業と同様に、マニュアルに基づくルーチンの仕事は正規職員がする仕事ではなくなっており、それらは派遣や契約社員、パート・アルバイトなどの非正規雇用の職員が担っていることが一般的です。あるいは、外部の企業等に事業委託します。正規職員は、企業と同様に企画や戦略、プロジェクトベースの仕事を行うのです。確かに、企業と違ってリストラはなされないことが一般的ですが、勤務時間内に正規職員に求められる業務の量や質はすさまじいものです。

ちなみに、以前と比べると、官公庁はもちろんのこと企業でも、労働法遵守が政府によって厳しく監督・チェックされており、企業・官公庁等は従業員にそう簡単に長時間の残業をさせられなくなっています。週の労働時間や週休二日制を始めとした労働環境はずいぶん改善されており、休みもなく毎日夜遅くまで残業して働くというイメージは、何度も繰り返すように、過去のものと言えます。というより、今や残業したくても、労働法の関係で、少なくとも有給の形ではそう簡単にできなくなっています。休みたくなくても休まないといけなくなっているのが今日の実情です。そうなると、与えられた勤務時間に課された業務や課題、プロジェクトをこなすことが、基本的な仕事の仕方になります。個人情報などの関係で家に持ち帰って仕事できない場合もあり、仮に家で仕事の続きができたとしても、残業代は支払われません。

大企業の話を第4章の後半でたくさんしましたので、ここでは「おまけ」として、中小企業の話を少し加えたいと思います。

第4章第6節(2)でお話ししましたように、中小企業は法律で定義されています(図表31を参照)。業種によって異なりますが、五〇～三〇〇人以下であれば中小企業と見なされます。五人や一〇人の従業員といった小規模事業者としてさらに区分される中小企業もありますが、仮に五〇人従業員がいれば立派な中小企業です。

大企業ほどに給与は高くないかもしれませんが、中小企業は職場の人の顔が見える関係の中で仕事がなされ、アットホームです。もちろん、そのアットホームな人間関係が時にトラブルや悩みにも発展しますが、「アットホーム」はそれも含み込みです。家族でも喧嘩はするでしょう。人と人とが顔を寄せて仕事をするというのは、そういうことです。

大企業だと、一定程度確立した業務の一部を担い、どれだけ頑張ってもそれで会社のどこに、どのように貢献したかはわからないことが多いですが、中小企業ではそれが一目瞭然です。大企業と違って、総合職・一般職の区別もあいまいなことが多いですから、会社によっては、企画も営業も、事務的な処理も、何でもしなければならないかもしれません。でも、新しいアイディアが採用され、プロジェクトを任されたりすることもあります。大企業でそのようなことが無いとは言いませんが、大企業は業務・役割の分担(分業)が高度に進んでいますので、何もかもというのはさすがにないことが一般的です。

最近は、起業する若者が増えています。自分(たち)で会社を作って事業を起こすのです。「べ

図表32　中小企業の職場

（イメージ写真）

ンチャー企業」と呼ばれたりもします。安定した仕事ではなく、給与も高くないかもしれませんが、新しいこと、やってみたいことに挑戦することができます。やりがいが感じられます。

高校生には、中小企業やベンチャー企業の職場のイメージが湧かないかもしれません。**図表32**はイメージ写真ですが、ある中小企業の職場です。もちろん、すべての中小企業がこんな職場ではありませんが、どうですか。こんな職場で働きたくなってきませんか。中小企業では、高卒や専門学校卒の従業員も少なからずいることが一般的です。働き始めると、学歴はあってないようなものです。個人がどれだけの知識、資質・能力をもって仕事ができるかだけが勝負の世界です。

私は、高校生の皆さんに、中小企業や起業がいいよと勧めているわけではありません。**このレベルから将来の職業を考えて「大**

学選び」ができれば、結果として大企業でも中小企業でもベンチャー企業でも、それ以外の個人の専門職でも、何でもできると思うのです。就職先の候補となる企業が経営的に安定しているのか、給与や労働条件はどのようなものかは大学生になって就職活動を始める時に考えればいいと思います。そのようなことが先立って「大学選び」をするのではなく、本書でお話ししたポイントを踏まえた「大学選び」をしてほしいと期待します。

第2部　高校生からの質問に答える

第2部では、高校での進路指導や「大学選び」の講演やセミナーで、高校生から実際にいただいた質問に答えていきます。あくまで私自身の見方・考え方に基づく回答ですので、参考にして、最後は自身の見方・考え方を作ってください。

なお、質問の中には第1部の内容と重なるものがあります。その場合には、**ポイント1** や第3章第4節のように表記していきますので、そちらも読んでください。

第1章　将来の見通しに関すること
第2章　大学選び・学部選びに関すること
第3章　就きたい職業と「大学選び」について
第4章　大学での学び、偏差値他について

第1章　将来の見通しに関すること

> **Q1　具体的な夢をもって大学を決める人は少ないと思います。夢がない人はどのように大学や学部を決めていけばいいですか？**

（回答） たしかに「具体的な夢をもって大学を決める人は少ない」かもしれません。私は、夢である必要はないと思います。夢があっても、それが実現するとは限りません。そんな大げさなものでなくてかまいませんので、**「将来の見通し」を持てるようになってください。**「目標」でもいいと思います。

将来の見通しを持てない人が大学で学び成長していないことは、**ポイント1** ですでにお伝えしました。高校生の時点のものでいいので、大学に入ってから変わってもいいので、将来の見通しを考えて「大学選び」をするというのが私からの助言です。ただし、「具体的（な将来の見通し）」であるに越したことはありませんが、高校生の段階でどこまで考えれば「具体的」になったと言えるかは難しいものです。**ポイント2** でお話しした、職業に関連して「学部選び」ができる程度でいいのではないでしょうか。

Q2　やりたいことは決まっているが、それに合った大学が見つからない。

（回答）「やりたいこと」の内容がわかりませんが、だいたいのものは第2章第2節で場合分けをしてお話ししましたので、まずはそれを読んでください。

なお、そこでもお話ししましたが、大卒などの学歴を必ずしも必要としない、起業家や政治家、作家、俳優、タレント、音楽家、伝統芸能家、画家、美術家、プロのスポーツ選手、宗教家など、個人の技芸や能力、信念などで職となるものについては、本書の対象から除外しています。実際にこれらの職に就いている人の中には大卒も少なからずいますが、実力勝負の世界ですから、そんなことはそれらの職に就くための要件にはなりません。ただ、企業や官公庁等と違って、就きたいといって就ける職ではないので、大学に行く学力やご家庭の経済的事情が許すなら、**大学には行った方がいい**とお勧めします。「学部選び」でうまく合致する学部がないなら、**教養系か総合系の学部を選んで、さまざまな学問を広く学び、見識を豊かにすればいい**と思います。どんな職についても、どこかで役に立つと思います。また、このことは、企業や官公庁等で総合職・一般職に就こうと思う人にも言えることです。学びたい専門分野がとくに見つからないと言う人にも、同じ考え方でいいと思います。

Q3　自分のやりたいことの見つけ方を教えていただきたいです。

(回答) 四点お答えします。

①やりたいことを見つけられる人、もともと持っている人というのは、いつもとは言わないまでも事あるごとに将来のことや就きたい職業のことを考えているものです。あなたが仕事においてやりたいことが見つからないと言うのなら、それはふだん将来のことを真剣に考えてい

ないからではないでしょうか。見つからないのではなく、**無理してでも見つけないと、この作業は前に進みません。**まだ遅くはありませんので、「大学選び」の機会を通して、**ポイント1**の「見通しあり・理解実行」を目指してください。

②さっと見つからないなら、片っ端から職業を調べて、その中から「これはおもしろそうだ」「この職業なら就いてみたいな」という感じで**選べばいい**と思います。もちろん、そこで職業を選んで終わりではなく、**ポイント2**の「学部選び」、そして**ポイント3**〜**ポイント5**の「大学選び」へと作業をステップアップさせてください。

③仕事だけが人生ではありません。一生懸命働くけれども、それは生活の糧として捉えるものであり、やりたいことは生活（趣味や家庭など）の中で実現する、そういう考え方はあっていいと思います。政府で「ワークライフバランス」と呼ばれているものです。

④個人的な考えですが、私は趣味を仕事にはしない方がいいと思います。仕事にすると、売れるために、稼ぐために好きではないこともたくさんしないといけなくなり、せっかく楽しんでいた趣味を一つ失うことになります。ここは人によって考えが分かれるところです。私の考えが絶対的に正しいとは思っていませんので、この後は自分で考えてください。

Q4　大学に入ってから将来やりたいことを探すのは遅いですか。

(回答) 遅いです。 高校生レベルでいいので、大学生になって変わってもいいので、将来どうしたいか、やりたい仕事は何かを見つけておく必要があります。高校生の時に将来のことを考えなかった人、見つけられなかった人は、高い確率で大学に行っても考えませんし、見つかりません。そのまま三年生の就職活動を迎え、再び同じ課題に直面することになります。そして、ここが大事なポイントですが、将来の見通しを持っていない人は、大学で学び成長しようとしません（**ポイント1** を参照）。

第2章　大学選び・学部選びに関すること

Q5　大学で知識や視野を拡げたい。

(回答) そんなことは大学では当たり前のことで、それだけで「大学選び」の理由にはなりません。**ポイント1**、**ポイント2** の将来の見通し、就きたい職業から「学部選び」の順で作業してください。

Q6　大学と短大の違いは何ですか。

(回答) 短大は（四年制）大学のプログラムを二年間に圧縮して教育する準大学です。カリキュラムを詰めて構成する分、学習や大学生活は率直に言ってハードです。入学して半年後、一年生の秋から就活も始まります。しかし、授業やキャンパスの雰囲気は大学とほとんど変わりません（**図表33**を参照）。大学と同じようにとまではいきませんが、専門以外の教育プログラムも提供されていて、クラブやサークル活動もあります。大卒よりも早く仕事・社会に出られます。大企業への就職を目指すなら、大卒と比べられて劣ることもありますが、**全般的に短大卒だから就職できないということはありません**。第4章第5節(1)で示した大学の状況と同じだと思ってください。専門学校か短大のいずれかで悩むなら、短大をお勧めします。大学に行けるなら大学の方がいいと思います。

近年は、四年制大学への編入制度を充実させている短大が多くあります。二年間の学習では物足りない、もう少し学びたいと思えば、四年制大学へ編入すればいいと思います。この選択肢もありです。

図表33　短期大学の授業風景

（イメージ写真）

Q7　行きたい学部と大学のどちらを選ぶべきか。

（回答）「学部選び」が先です。 ポイント2 でお話ししましたように、まず就きたい職業を考えて、その上で「学部選び」をする。その上で、大学のアクティブラーニング型授業の推進（ポイント3）、自身の偏差値（ポイント4）を条件にして、「大学選び」へと落としこんでいけばいいと思います。

Q8　国語や社会がすごく苦手ですが、将来やりたいと思うことに関する学問を調べるとほとんどが文系です。やりたいことがあるだけで文系を選んでもいいですか。

（回答）「将来やりたいこと」があって、それが文科系の専門分野に関することならば、迷わず文科系学部を選んでほしいと思います。ポイント2 **で「大学で何を学びたいか」からではなく、「将来どのような職業に就きたいか」から「学部選び」をすると説いたのも、このような**

ことが起こるからです。苦手な科目に取り組むのは大変でしょうが、満点を取れという話ではありません。合格の最低点を取ればいいのですから、頑張ってください。受験して合格をもらえれば、それまでの苦労話です。

Q9　僕は農業経済学を学びたいと思っています。調べていくうちに、農学部と経済学部の中に学べる学科やコースがあることがわかりました。どちらの学部を選べばいいでしょうか。

（回答）例のように、一般的に「学部」はいくつかの「学科」（あるいはコース）から構成されます。**学部の方が大きな箱だ**と思ってください。

（例）農学部――資源生物学科
応用生命学科
海洋生物学科
食料環境学科
森林科学科

農業経済学は、多くは農学部の一学科（コース）の中で提供されています。農学部に入れば、農業経済学だけを学ぶのではなく、農学に関するさまざまな科目を学ばなければいけません。経済・経営系の学部では、農業経済学を学べる場合でも、主に学ぶのは経済学・経営学です。「農業経済学」と言う時に、「農業」に重きを置くのか（↓農学部）、「経済学」に重きを置くのか（↓経済・経営系学部）で選べばいいのではないでしょうか。

私の専門分野である心理学についても、例として挙げておきます。心理学を学びたいと言う時に、「心理学部」であれば心理学を中心に必要なカリキュラムが組まれていますので、これはいいとしましょう。ただ多くの場合は、文学部や教育学部の中に「心理学科（あるいは○○心理学科・コース）」が設置されています。その場合、たとえば文学部の心理学科であれば、より大きな箱は文学ですから、学生は心理学以外に、たとえば文学や歴史、哲学、社会学なども一定程度学ぶ必要があります。その上で、メインの心理学の学習です。教育学部の心理学科であれば、教育学や教育方法学、教育行政学などを学びながら、メインの心理学の学習です。このように、学科やコースを構成する学部によって、それ以外のどのような科目を学ぶかが決まります。

Q10　どうしても行きたい大学がある。滑り止めは受けた方がいいか。

（回答）保護者が浪人を認めてくれるなら、私は一本で挑戦してみてもいいと思いますが、浪人が難しいなら、滑り止めの大学は受けるべきです。受験は水物（運）ですので、絶対合格ということはあり得ません。ここは現実として受け止めるべきです。

ただし、**その「どうしても行きたい」気持ちがどの程度本物であるかを確認することをお勧めします**。とくに理由が大事です。結果が思うようにいかない時に、もう一年を浪人して過ごして余りある本物の志望であるなら、ここで話は終わりです。全力で頑張ってください。

少しでも思いが揺らぐようであれば、**人生一年を余計に過ごすことの重みも考えてみてください**。第一志望の大学に入れる人はそう多くありません。第二志望（以下）の大学かもしれないけれど、それはそれで受け止めて、その分大学に入ってから学び成長するべく頑張った方が、人生のコマを早く前に進められるということもあります。ここから先は個人の見方・考え方によります。しっかり考えてください。

Q11　第一志望の大学に行こうか、第二志望の大学に行こうか悩んでいます。第一志望には学校推薦型がないのですが、第二志望にはあります。

（回答）第一志望の思いが本物であるなら、**学校推薦型やそれ以外の選抜方法の違いで「大学選び」をすべきではない**と思います。理想だと思われるかもしれませんが、自分の人生を決める「大学選び」です。易きに流れないで、頑張ってください。

あとはQ10で回答したことと同じで、その「第一志望」の思いがどの程度本物かを確認することをお勧めします。

Q12　オープンキャンパスなどで大学見学をする際に注目すべき点はありますか。

（回答）まず注意です。オープンキャンパスで、おもしろい教授が模擬授業をしたとしても、**そのような先生は大学に一部しかいません**ので、「この大学の教授陣はおもしろい！」などと勘違いしないようにお願いします。大学も商売ですから、オープンキャンパスでは高校生に喜んでもらえるエース級の先生を出してきます。

オープンキャンパスでは、直接大学の教育方針やカリキュラム、取得できる資格などの説明を受けて、情報収集すればいいと思います。あと、現地に出向くメリットは、キャンパスや校舎・教室、食堂などの雰囲気を見られることです。「おしゃれ！」ということでも、おしゃれではないけれど「実用的だ」という印象でもいいと思います。あと、人によっては、グラウンドや体育館、クラブ・サークルなどの施設・設備がどの程度整っているかも見ればいいと思います。

ここからは個人的な考えですが、「おしゃれ！」なキャンパスや建物を否定はしませんし、自分の大学でもできる限り、そのようなことには取り組んで高校生に喜んでもらおうと努力しています。しかし、そのような外見のきれいさや華やかさは最初だけで、すぐに慣れて飽きてしまいます。「海辺のそばに家を建てて、毎日海を見ながら暮らしたい」と言うお客さんに、「そんなのすぐ飽きますよ」と言って、家族に対する家の間取りや最寄り駅からの距離、通勤にかかる時間といった日常過ごしていく上での問題に話題を移した住宅会社のスタッフのやりとりを私はよく思い出します。私はこの話は、大学でも同じだとよく思います。

ポイント1、**ポイント2**の将来の見通し、自分が就きたい職業を考えた上での「学部選び」は、自身のライフに対する作業です。**ポイント4**の偏差値は、教科学力ですから、これも自身の学習の問題です。これらにおいて敵がいるとすれば、それは自分です。**ポイント3**の大学のアクティブラーニング型授業の推進は、いくらオープンキャンパスで教室や施設、教授や学生を見ても、わかるものではありません。ウェブサイト等でしっかり調べてください。

Q13　オープンキャンパスなどで大学関係者に質問することができる場合、どのような点を質問すべきでしょうか。

(回答) **ポイント3**の大学のアクティブラーニング型授業の推進について率直に質問してみると、大学のこのテーマに対する姿勢が良くも悪くもわかっていいと思います。第3章第4節(1)で「このような謳い文句には注意せよ」と補足していますので、それらを頭に入れて質問できれば完璧だと思います。

Q14　オープンキャンパスに行っていない大学を受験するのはよくないですか。

（回答）問題ありません。志望する大学のオープンキャンパスに行くことは必要ですが、成績が思うように伸びず、違う大学を受験することはよくあることです。オープンキャンパスは、自身の「大学選び」を考えるきっかけと思えばいいと思います。

第3章　就きたい職業と「大学選び」について

Q15　安定した職業（公務員など）に就きたい。

（回答）この考え方は捨てましょう。どの職業も生き残りをかけた激動の中で営まれています。与えられた仕事をする、夕方は定時に帰れる公務員のイメージも過去のものです。この話は、第4章第6節(1)と第6章でお話ししましたので、そちらを読んでください。

Q16　なりたい職業が決まっている場合、そのことを学べる専門学校と大学に行くのではどのようなことが違ってきますか。

（回答）　専門学校（正確には「専修学校（専門課程）」）と一口に言っても、以下のように専門分野はさまざまです。それを確認して、ここでは大きく二つに分けて助言します。

- 人文科学系（外国語・教養など）
- 教育福祉系（保育学・養護・社会福祉など）
- 商業実務系（経理・税理士・情報・医療秘書・観光旅行・ホテル・ブライダルなど）
- 理科系（工学・農学など）
- 医療系（看護学・検査技師・医療技術など）
- 衛生系（理容・美容・調理師・栄養士など）
- 服飾家政系（服飾・スタイリスト・ファッションなど）
- 芸術系（美術・音楽・演劇など）
- その他（マンガ・アニメーションなど）

①（国家等）資格が求められる、求められないに関係なく、その専門分野が短大あるいは（四年制・六年制）大学に学部・学科・コースとしてあり、ご家庭の経済力やあなたの学力がクリアーするならば、専門学校よりは短大、短大よりは大学を考える方がいいと思います。

専門学校卒でももちろん職には就けます。その点について心配する必要はありません。他方で、実際の職場では、大卒や短大卒の人たちといっしょにチームで仕事をしていくことが多いですから、**一、二年長く、そして幅広く学んだその人たちと比べられて、知識、資質・能力などの点で劣っていると見なされる**ことは少なからずあります。大学や短大では、専門分野を中心としながらも、いわゆる一般教養科目やプロジェクト科目などの専門以外の教育プログラムも提供されます。とくに総合大学（複数の学部がある）では、専門以外の科目で他学部の人たちといっしょに授業を受けることもあります。専門を異にするさまざまな人たちと同じ教室で学ぶことは、資質・能力を高め、視野を広めるのに有用です。**可能なら、短大か大学に進学した方がいい**と私は思います。

②専門学校にしかない専門分野であれば、専門学校への進学を選択肢に入れるのはいいと思

います。ただし、選択肢に入れる前に、その専門分野で学んだことで就けるとされる職業や職場に、異なる専門分野を学んだ大卒や短大卒の人がいるかどうかをしっかり調べてください。大学で異なる専門分野を学んだ人たちが就いている職業や職場ならば、①と同様に、大学や短大への進学も選択肢に入れて、その上で最後総合的に判断した方がいいと思います。専門学校が悪いわけではありませんが、いろいろな観点で、同じ仕事をするにしても専門学校卒と大卒とではかなり違います。ご家庭の経済力やあなたの学力がクリアーするならば、まずは大学や短大を考えてください。

Q17　早く仕事をしたいと思っていて、短期大学を志望しているのですが、そういうのもありですか。

(回答)「早く仕事をしたい」とはすばらしい意識ですね。世の中「働きたくない」と思う人が少なくない中、このような意識はこれからのあなたの学びと成長にきっと繋がっていくと思います。

基本的には「あり」とお答えしておきます。短大で学ぶ良さについてもＱ６でお話ししておきました。その上で、もしご家庭の経済力とあなたの学力がクリアーするなら、**もう少し我慢して大学へ進学した方がいい**と思います。専門学校卒より短大卒、短大卒よりは大卒の方が生涯を通して、収入、社会的な地位の広がりがあります。Q16で説明をしていますので、詳しくはそちらを読んでください。

Q18　理系か文系でいったら文系なんですが、理学療法士になれますか。

(回答) まず、基本情報を確認しましょう。理学療法士はリハビリテーションの一部を担う医療従事者です。学部は、医療系学部の中にある理学療法学科やリハビリテーション学科等を受けることになります。リハビリテーション学部として独立させている大学もあります。

質問に対する第一の回答は、文科系の生徒がこのような学部に入れるかということです。**基本的にはYESです**。選抜試験(総合型・学校推薦型・一般)において、国語や社会、小論文だけで受験できる大学はいくつもあります。しかし、理科・数学の学習を基礎として外せないと考える大学の中には、理科や数学を試験の必修科目にすることが少なからずあります。大学をよく調べて、自身の偏差値とも見合わせて「大学選び」をしてください。

第二の回答は、入学はできたとしても、理学療法は医療行為ですから、当然大学での授業科目には人の身体の仕組み、臓器や神経、内科・外科等基礎医学、高校で言えばとくに物理や生物に関する理科関連科目が山ほどあります。**理科が嫌いだと言うなら、理学療法・リハビリテーションの学部等で学ぶのは厳しい**かもしれません。

最後に、Q8で回答したことと同じで、**本当に理学療法士になりたいなら、自分は理科系・文科系などとそんなことを言わずに、選抜試験に必要な科目を勉強すればいい**と思います。失礼な言い方かもしれませんが、医学部医学科を目指す受験者でなければ、看護師や作業療法士、臨床工学技士などを目指す人も含めて、理科、数学が得意だ、成績もいいという人はそう多くいません。理学療法士を目指すために必要な勉強なのだから勉強する、こう考えて皆さん頑張っています。高得点を取れという話ではありません。合格するための最低点さえ取れればいいのです。

Q19　看護師になるには大学の看護学科の方が専門学校よりもいいですか？それは文系と理系どっちの方が有利ですか？

（回答）Q16で回答しましたように、看護師に限らず、その専門分野が専門学校、短大、あるいは（四年制・六年制）大学に学部・学科・コースとしてあり、ご家庭の経済力とあなたの学力がクリアーするなら、**専門学校よりは短大、短大よりは大学を選ぶ方がいい**と思います。

看護職に就くにあたって文科系と理科系のどちらが有利かという質問ですが、**どちらかを選んでいいなら「理科系」だとお答えします。**Q18の理学療法士に関する質問への回答と同じで、選抜試験の科目だけの話であれば、文科系科目だけでも受けられる大学はあります。しかし、専門学校でも大学でも、入った後のカリキュラムには身体の仕組み、臓器や神経、内科・外科等基礎医学、高校で言えば物理や生物に関する理科関連科目が山ほどあります。**入った後のことまで考えれば、理科系の方が有利だと言えます。**Q18への回答にもう少し詳しいことを書いていますので、併せて読んでください。

Q20　助産師免許を取得するのに、四年制の看護学部に入ってから一年制の助産師養成所に入ってじっくり五年かけて助産師免許を取るのと、助産師養成課程のある四年制の大学で四年間で助産師免許を取るのとではどちらが免許を取りやすいでしょうか。

（回答）看護の専門学校（三年制）を卒業して助産師養成所（一年制）に入学する四年コースも含めて、どれも一長一短あり、どの道が免許を取りやすいとか有利だとか一概に言えません。ただ、学力や経済的な事情が許すなら、私は四年制総合大学の看護学科に入って、看護以外の教養を学ぶ、他学部の異なる学生たちと学ぶ経験を加える方がいいとお勧めします。このために結果として五年かかって助産師の免許を取ることになったとしても、長い人生のキャリアの中で職能に幅が広がっていいと思います。

Q21　将来起業をしたいのですが、その場合は経営学部に進めばいいですか。それとも経済学部や商学部でもいいですか。

（回答）将来起業して経営者になりたいのであれば、経営学部に進むように助言されるのが一般的です。有力な選択肢にすればいいと思います。近年は経済学部や商学部でも、経営学的な科目やコースを提供している大学が多く見られますので、大学をしっかり調べて、経済学部や商学部も選択肢に含めて考えるといいと思います。

他方で、実際の企業の経営者を見ると、必ずしも経営学部や経済学部出身ではないことが多くあります。工学部や農学部出身の経営者もたくさんいます。私も今経営者ですが、教育学部出身です。経営学の勉強は、外でいくらでも講座やセミナーが行われていてそこで学ぶこともできます。そのようなところまで視座を拡げられるなら、大学ではむしろ文学部や理学部などの教養や古典、純粋科学など、経営学からできるだけ離れた学問を学んでおく方がいい、それらは大学時代しかなかなか学べるものではない、そのような考え方もあります。

Q22　将来マンガ家になりたい。

〈回答〉やめておけとまずは言っておきます。ほとんどの人はなれないし、そのような仕事に携われたとしても、それで生計を立てていくのは難しいです。その上で、「それでも！」くらいの覚悟があるならば、三〜五年など区切りを設けて、それまでに可能性をつかめなかったらあきらめることを約束に、精一杯頑張ることです。この手の職はばくちのようなもので、絵がうまい、才能があるという人がごまんといて、それでものになる人はほんの一握りの世界です。

この話は、作家、音楽家、芸術家、俳優・タレントなどについても言えることです。基本は「やめておけ！」と周囲は言うべきものです。**「それでも！」と意志を通すなら、「それでは、どうぞご勝手に」です。**覚悟が要り、それくらいの気持ちがなければこれらの世界ではプロとしてやっていけません。

Q23　就職に有利な大学はどこですか？

（回答） 第４章第５節⑴でお話ししましたように、ただ「就職に有利」だけでいいならば、偏差値が高くない大学でも就職には問題ないので、**心配ご無用**とお答えします。偏差値が高い大学卒でも、主体性やコミュニケーション力、協調性などが低いと見なされると、就職は思うように決まりません。

大企業に就職したい、その中でも大手人気企業に就職したいと言う場合には、偏差値の高い大学を目指します。それに、三大都市圏にある大学という条件を重ねれば、大手人気企業に就職できる確率はより高くなります。詳しくは第４章第５節⑵をお読みください。

Q24　私立大学にはできれば行きたくないけれど、国公立大学だと自分の就きたい仕事について勉強できないからどうしたらいいのか教えてほしいです。県外もできれば行きたくないです。自分の興味のある仕事は資源・エネルギーの研究者です。

(回答) あれはイヤ、これはイヤ、でも○○がしたいと言うのは虫が良すぎます。基本は、就きたい職業があるなら、そのための大学であるなら、そして家庭の経済力がクリアーするなら、北海道でも沖縄でも行くべきだと私は思います。

私は、**ご家庭の経済力を無視して「大学選び」をすることを良いとは考えていません。ご家庭の経済力、自分の学力のレベルなど、限られた資源の中で精一杯自分の条件に合う大学を探すことがとても大事なことだ**と思っています。ぴったり条件の合う大学がないことは、よくあることです。その場合でも、どこかを妥協してすり合わせて、ここで頑張ろうと思える大学を見つける。このような作業ステップが大事です。このようなことは、仕事・社会でいくらでも起こります。力のある大人になるための学びと成長の機会と捉えて、「大学選び」を頑張ってください。

Q25　高校の教員になるためには教育系学部の教員養成課程を出ないといけないのですか。

(回答) 二通りの取得の仕方があります。一つは、教員養成系学部の中等教育教員養成課程で中学校・高校の教員免許を取得することです。もう一つは、文学部や経済学部、理学部などで提供されている併設の教職課程を取って、中学校・高校教諭の教員免許を取得することです。ただし、後者の場合は、大学によって教職課程が併設されていないこともありますので、受験する大学をよく調べてください。第2章第2節(4)でもお話ししましたので、併せてお読みください。

Q26　理科系で企業の研究者と大学の研究者の違いを教えてください。

(回答) 一般的には、企業の研究者は大学院の修士課程(二年間)を修了して、企業の研究開発部や研究所に就職し、そこで企業の研究開発を行う人のことです。日本人でノーベル物理学賞・化学賞を受賞した以下の人たちは企業の研究者出身です（後に大学の研究者になった人もいます）。

- 一九七三年　江崎玲於奈（東京通信工業株式会社、現在のソニー）半導体
- 二〇〇二年　田中耕一（島津製作所）生体高分子
- 二〇一四年　中村修二（日亜化学工業）青色発光ダイオード
- 二〇一九年　吉野彰（旭化成）リチウムイオン二次電池

それに対して大学の研究者は、一般的には大学院の博士後期課程（五年間）を修了して、博士号（Ph.D）を取得して、大学に就職していく人のことです（ある大学の教員ポストに就くことを、大学でも「就職」と呼びます）。近年は、企業の研究開発職に就いて仕事をしながら、大学で博士号を取得して、企業から大学に移動する形で大学教員として転職する人も少なからずいます。

第４章　大学での学び、偏差値他について

Q27　大学で学んだことは本当に自分のためになるのか。

（回答）大学から提供されるあらゆることが充実していることは決してありません。どんなに良いとされる大学でも、不満な点はいくつもあるものです。良いものは有り難く受け取り、自身の学びと成長に繋げる。良くないものでも、そこから工夫して自身の学びと成長に繋げてください。**「大学で学んで良かった」と自分で言えるように学んでください。**

Q28　大学によって教員の質は違うのでしょうか。

(回答) 自分の高校の先生たちを見ればわかるのではないでしょうか。大学でも同じです。

良い教育を提供しているとされる大学でも、**そこにいるすべての教員の教育力が高いということはなかなかありません。** 人が人に教えるということを考えれば、教育力があるとされる教員が、ある学生たちには不評だということもあります。他方で、大学が組織的に良い教育を提供しようという姿勢を見せていなくても、そのような大学の中にも教育力の高い教員は一定程度います。それで「大学で良い先生に出会った」「この大学で学んで良かった」と言う卒業生も少なからずいます。

私はこのような実態を踏まえて、その上で少しでも良い教育を提供しようと努力している大学を見抜けと、**ポイント3** でアクティブラーニング型授業の推進を大きな指標として紹介しました。そのような大学では、たとえ教育力の弱い教員がいたとしても、教員の授業研修等を行って、組織全体の教育力を上げようと努力しています。四年間で、仮に何人かの教員の授業は不満だったとしても、残りの教員の授業には満足だったと、そう言えるような大学教育の姿が理想だと私は考えています。

Q29　いろいろな大学のパンフレットを見ても、どこも「グローバル化」「少人数ゼミナール制」など、同じような言葉が並んでいます。結局は偏差値で選ぶことになってしまいそうです。

（回答） 第３章第３節で、アクティブラーニング型授業を積極的に推進している大学の見抜き方を説きました。まずは、それに従って「大学選び」の作業をしてください。これだけでもかなりわかることがあるはずです。その上で、ご指摘のような「少人数ゼミナール」「少人数教育」などを謳い文句で誤魔化す大学があるのは事実です。同じく第３章第４節(1)で「このような謳い文句には注意せよ」というお話をしておきましたので、併せてお読みください。

Q30　偏差値を気にすべきですか。

（回答）ある程度気にすべきだと思います。偏差値を必要とする大学においてはもちろんのことですが、総合型・学校推薦型選抜等で受験する場合で、とくに教科の試験がない場合でも、自分の能力に合ったレベルの大学を選ぶのに偏差値は参考になります。大学は知識を学ぶだけの場ではなく、他の学生と議論したり協働で活動したりして自らの能力を高める場でもあります。相手方の学生たちの能力のレベルが低すぎたり高すぎたりすると、自身の能力を高めるための学びと成長の場にならないことがあります。偏差値については、**ポイント4**で詳しくお話ししていますので、そちらを読んでください。

Q31　日本社会は大学で成長することより大学の知名度を評価するので、「成長できるがあまり知名度のない大学」に行くと危ないのでは？と親に言われました。先生はどう思われますか？

（回答）まず本書は、Ｑ30で回答したように、偏差値をある程度は気にしましょう、という立場です。**教育が良ければ、どんな大学でもいいとは主張していません**ので、まずこの点だけで保護者のご心配は無くなるのではないでしょうか。

就職に関してですが、**「就職できるか」ということだけなら、大学の偏差値はあまり関係ない**という話を第４章第５節でお話ししました。むしろ、大学の偏差値はとくに大企業に就職したければ重要な指標となりますが、高偏差値の大学を卒業しても、資質・能力の低い人は就職活動でかなり苦労していますので、その点はお伝えしておきます。就職に関する「大学選び」については第４章第６節でも補足していますので、併せてお読みください。

Ｑ32　大学で一人暮らしって大変ですか？県外と県内どっちがオススメですか？

（回答）ご家庭の経済力が許すなら、県外に出た方が成長すると思います。経済的に難しい場合でも、寮に入るという選択肢もあります。**一人暮らしして成長してください。**

第3部　最後に――ポストコロナの「大学選び」

一年と少し前に、新型コロナウィルスが流行し始めました。私は、幼稚園から大学を統括する学園の理事長として高校生を大学に送り出す立場と、大学の学長として高校生を受け入れる立場の二つの立場から、高校生の「大学選び」を見ています。また、私は専門家として、さまざまなテーマのポストコロナについて世の中で考えを述べていますので、本書の最後にポストコロナの「大学選び」についても四点お話しします。

(1)本書でお話ししてきたことの大半は、ポストコロナの「大学選び」においても変わらず重要なことだと思われます。**コロナ禍の影響は、このテーマにおいて実質的にはそう大きくない**と見ています。

つい最近、コロナ禍の中で過ごした昨年の受験生の動向はどうだったのかを調査したリクルートの報告書『コロナウィルス流行による進路選択行動影響調査2021』(二〇二一年四月)[17]が刊行されました。結果を見ると、とくにオープンキャンパスが十分に行われなかったことの影響が深刻であったと思われましたが、全般的に「大学選び」にコロナ禍が大きく影響を及ぼしたと見る結果はありませんでした。コロナ禍によって第一志望が変わったという受験生は全国で13%程度で、九州・沖縄を除いて大きな地域差も見られませんでした。私の経験とも合致する結果です。

(2)二〇二一年は「大学入試改革元年」と呼ばれていたほどに、「センター試験」から「大学入学共通テスト」へ、「AO入試」「推薦入試」から「総合型選抜入試」「学校推薦型選抜入試」へと、大学入試に関するさまざまな変更が大きくなされた年でした。コロナ禍とはまったく関係のないことですが、今後の高校での勉強の仕方や受験の準備において、このような大学入試改革の影響が出てくる側面は間違いなくあるだろうと思います。しかし、**本書で説いた「大学選び」のポイントは、**皆さんのライフ（大学・仕事・社会）をより充実させるためのもっともっと大きな視座に基づくものです。**大学入試改革とは切り離して考えていただいていい**と私は思っています。

(3)　**ポイント3**で示した**大学のアクティブラーニング型授業の積極的な推進は、ポストコロナでしっかり押さえてほしい**ものです。

大学を始め、これほどまでに抜本的な学校教育改革が進められたことはかつてなく、知識の提供だけでなく、主体性、コミュニケーション力、問題解決力などの資質・能力の育成が強く求められています。情報化・グローバル化が進展し、AI（人工知能）やIoTを始めとする先進情報技術の発展が予測困難で変化の激しい問題解決の社会を作り出しています。そのような社会に子ども・若者は将来出ていくのであり、そのための資質・能力を学校教育でしっかり育ててあげないといけません。そのような説明がなされています。

しかし、到来したコロナ禍は、**私たちが今まさにそのような予測困難で変化の激しい問題解決の社会のど真ん中にいる**ことを示しました。決して先のことではなかったのです。そして、コロナ禍に対応する資質・能力の弱い子ども、若者は、もちろん大人も含めて、とても苦労しています。自分をコントロールできないで、何をすれば問題が解決できるかを見出せず、ストレスをためたり混乱したりしています。

大学も同じです。アクティブラーニング型授業の推進一つが大事だとは思っていません。しかし、この課題に取り組む大学は、他の探究・プロジェクト型学習やオンライン型授業、地域連携、教育のグローバル化など、さまざまな現代課題に果敢に挑戦します。アクティブラーニング型授業の推進を蔑ろにする大学は、さまざまな現代課題から逃げます。ポストコロナの大学の授業では、オンライン授業を積極的に利用して対面授業と織り交ぜた**ハイブリッドな学び**が進むだろうと考えられています。アクティブラーニング型授業の積極的な推進から逃げてきた大学には、さらにハードルが一段上がる格好となります。彼らは対応できるでしょうか。

(4)地方大学の学生の就職活動において、とくに大企業の採用面接のために都市部へ移動する交通費と時間の点で苦労すると言われます。しかし、コロナ禍の中企業はオンライン面接を始めました。オンライン面接では、対面の面接で感じ取っていた応募者の資質・能力や人柄をつかみにくいという問題は指摘されているものの、コストが格段に安く抑えられ、**少なくとも一次面接はポストコロナにおいてもオンライン面接のシステムが続けられるだろう**と予想されています。これは地方大学の学生には朗報ではないでしょうか。

「はじめに」でお話ししたように、**大学進学は皆さんの将来への大きな教育投資です**。偏差値や在住地域、ご家庭の経済的事情などさまざまな制約はありますが、それらを考慮しつつも、**自身が最大限学び成長すると思われる「大学選び」をしてください**。

注

17　全国の高校二年生、三年生を対象に二〇二一年三月にWEB調査で実施。二、六一〇人（高二生一、二九二人、高三生一、三一九人）が回答。

文献

乾彰夫（1986）偏差値と学校格差　教育学研究，53（3），70-75.
NHK取材班（1983）日本の条件11―教育2：偏差値が日本の未来を支配する―　日本放送出版協会
岡本奎六（1985）新聞に報道された偏差値教育問題の分析と考察 その（I）　コミュニケーション紀要（成城大学文学研究科），3, 83-129.
小野瀬宏（1992）偏差値　応用統計学，21（2），129-130.
川上徹（編）（1969）学生運動―60年から70年へ―　日本青年出版社
河野誠哉（2004）戦後日本の学校空間における測定技術の商業化―偏差値テストと規律化のメカニズム―　生活科学研究，26, 45-56.
北村和夫（1984）近代社会的価値観と偏差値　教育社会学研究，39, 187-199.
中島弘至（2015）偏差値による大学変数の分析―文系・理工系、国公立・私立の観点から―　東京大学大学院教育学研究科紀要，54, 201-210.
成田秀夫（2018）2020年大学入試改革とこれからの地方私立大学の役割　大森昭生・成田秀夫・山本啓一・吉村充功　今選ぶなら、地方小規模私立大学！―偏差値による進路選択からの脱却―　レゾン

クリエイト　pp.25-50

濱名篤・川嶋太津夫（編）(2006) 初年次教育―歴史・理論・実践と世界の動向―　丸善株式会社

平尾元彦・重松政徳 (2006) 大学生の地元志向と就職意識　大学教育, 3, 161-168.

溝上慎一（責任編集）京都大学高等教育研究開発推進センター・河合塾（編）(2015) どんな高校生が大学、社会で成長するのか―「学校と社会をつなぐ調査」からわかった伸びる高校生のタイプ―　学事出版

溝上慎一（責任編集）京都大学高等教育研究開発推進センター・河合塾（編）(2018) 高大接続の本質―「学校と社会をつなぐ調査」から見えてきた課題―　学事出版

溝上慎一 (2020a) 社会に生きる個性―自己と他者・拡張的パーソナリティ・エージェンシー―（学びと成長の講話シリーズ３）　東信堂

溝上慎一 (2020b) 地方在住の高校生のアイデンティティホライズン―心理社会的影響を考慮したアイデンティティ研究―　青年心理学研究, 32 (1), 1-15.

保田江美・溝上慎一 (2014) 初期キャリア以降の探究―「大学時代のキャリア見通し」と「企業におけるキャリアとパフォーマンス」を中心に　中原淳・溝上慎一（編）活躍する組織人の探究―大学から企業へのトランジション―　東京大学出版会　pp.139-173

労働政策研究・研修機構 (2015) 若者の地域移動―長期的動向とマッチングの変化―　ＪＩＬＰＴ資料

シリーズ, No.162.

あとがき

本書は、高校生に「大学選び」の講演やセミナーを行ってきた内容を一冊の本としてまとめたものです。高校も大学も、その（高大）接続も、そして仕事・社会へのトランジション（移行）という大きな流れも、すべてが絡み合いながら変わってきています。これらのすべてに関わって研究・実践を進めてきた者として、いつかはこのような「大学選び」を高校生に説く時が来るだろうと思っていました。本書でようやくそれをまとめることができ嬉しく思っています。

京都大学の教員から桐蔭学園の理事長（経営者）へとキャリアを変えて、二年半が経ちます。それまでも高校生を相手に講演や模擬授業をしており、また桐蔭学園の教育顧問として中学生・高校生のアクティブラーニングや探究・キャリアを四年間指導していたのですから、高校生とのつき合いが決して最近のものでないことは事実です。

しかし、今は幼稚園・小学校・中等教育学校・高等学校・大学を抱える大規模な総合学園の理事長として、また大学の学長として日々児童・生徒・学生たちに関わっています。授業はもうしませんが、彼らをキャンパスで見ながら、時に授業参観をしたりプロジェクトの発表を聞いてコメントをしたりしています。

幼小中高では、教員が日誌で学校の中での子供たちの活動や様子を報告してきます。その数毎日およそ40、50件。日誌を読むだけでもとても大変です。しかし、子供たちを外から見るだけではわからない、彼らの日常の様子、内なる心が、彼らを知り尽くしている教員から毎日伝えられてきます。これが私の現場です。この現場に実践的に関わり、桐蔭学園の子供たちの将来を考えながら、同時に専門家として日本の高校生の「大学選び」も考えています。これが私の本書での立場です。

桐蔭学園の理事長になって、産業界の人たちとおつき合いする機会が圧倒的に増えました。この点、本書の肉付けになっていますので記しておきます。学園関係者だけでも、理事・評議員、卒業生・同窓会の中に産業界で活躍する人たちがたくさんいます。彼らとさまざまなテーマで議論、意見交換するのは理事長の務めです。また、私（桐蔭学園）は神奈川経済同友会に入会させていただいて、月に1、2回セミナーや会合に参加しています。学校法人の関係者はほとんどいません。そこにいるのはほぼすべて産業界の人たちです。産業界が大学や学校に何を期待しているか、大学から送り出した卒業生がどのように活躍しているか、問題があるか、時々意見交換をしています。

このような中で生み出される「大学選び」の知見を、日本の高校生、高校教員他関係者に伝えていくことは私の使命だと思っています。そうして、日本の大学・学校の教育が変わっていけば、それはこのテーマに取り組んできた専門家としての喜びにもなるでしょう。もちろん、日本の学校が変わっていくことで競争相手が増え、桐蔭学園の発展にも繋がっていくと信じています。いろいろなものが複雑に絡み合って、本書は書かれています。

最後にお礼です。

ポイント3の大学のアクティブラーニング型授業の推進、**ポイント4**の偏差値の見方については、長年河合塾で講師・教育研究開発部で活躍された成田秀夫先生（大正大学教授・学長補佐）に、また大学偏差値と大企業への就職との関係、地方大学の学生の就職については、大企業の人事部での経験もあり日本キャリアデザイン学会の事務局長もされている荒井明先生（産業能率大学教授）とリクルート進学総研所長、リクルート『カレッジマネジメント』編集長の小林浩氏、ほか株式会社ピックアンドミックス代表取締役の松村直樹氏、株式会社リアセックキャリア総合研究所所長の角方正幸氏に多くの助言とコメントをいただきました。お礼を申し上げます。小林氏からは、第3部のポストコロナの「大学選び」のところで、刊行前のリクルートの調査報告書の結果の一部をご提供いただきました。併せてお礼を申し上げます。

ポイント3 の大学事例で、ウェブサイト画面の転載許可をいただいた金沢工業大学、国際教養大学、共愛学園前橋国際大学、愛媛大学にもお礼を申し上げます。他にも名前を挙げられませんが、本書のテーマに関してシンポジウムや研究会等で意見交換をしてきた多くの専門家、企業の方々にもお礼を申し上げます。

東信堂の下田勝司社長ほかスタッフの皆さまに深くお礼を申し上げます。私の学校から仕事・社会へのトランジションの仕事をよく理解していただき、いつもお世話になっていること、心より感謝しています。さまざまな機会にこれからの日本社会や大学、高校の教育について意見交換をしていることも、私の見方を発展させるのに助けとなっています。『大学生の学びを支援する大学教育』（二〇〇四年）以来、『アクティブラーニングと教授学習パラダイムの転換』（二〇一四年）、アクティブラーニング・シリーズ全7巻（二〇一六年）、現在3巻まで刊行している学びと成長の講話シリーズ『アクティブラーニング型授業の基本形と生徒の身体性』『学習とパーソナリティ』『社会に生きる個性』（二〇一八〜二〇二〇年）など、長年お世話になっています。本当に有り難うございます。

身内で恐縮ですが、妻にも感謝の気持ちを伝えます。彼女には、ふだんから私の原稿を読んでコメントをもらったり、表現や誤字脱字のチェックをしてもらったりしています。本書についてもたくさんコメントをもらいました。進学校から職業系まで幅広く高校生を教えてきた彼女の30年近くの教員経験がなければ、いくら私の専門性があったとしても、きっとここまでのものには仕上がらなかっただろうと思います。本書の第1部のポイントの1つで、彼女から「これは高校生には難しい！」とコメントされ、泣く泣く別の内容に置き換えたものもあります。「簡潔に伝えないと」と何度も言われ、書いていた当初の原稿から3分の1分量を減らす作業もしました。それでもまだ分量が多いかもしれません。今後の課題にさせていただきます。

本書が、「大学選び」に関して伝統的な見方を強く持つ高校生や高校教員ほか関係者に、しっかり伝わる内容で書かれているかはわかりません。ご意見やご感想をいただいて、本書のテーマをさらに発展させていこうと思います。

最後に、高校生の皆さん、しっかり勉強して、自らの見方・考え方を養って、納得する「大学選び」をしてください。皆さんの学びと成長を心から応援しています。

二〇二一年五月末

溝上　慎一

【著者紹介】　**溝上慎一**（みぞかみ　しんいち）

学校法人桐蔭学園理事長　桐蔭横浜大学学長・教授

1970年生まれ。大阪府立茨木高等学校卒業。神戸大学教育学部卒業。京都大学博士（教育学）。1996年京都大学高等教育教授システム開発センター助手、2000年同講師、教育学研究科兼任、2003年京都大学高等教育研究開発推進センター助教授（のち准教授）、2014年同教授。2019年学校法人桐蔭学園理事長、桐蔭横浜大学特任教授、2020年4月より現職。

日本青年心理学会理事、大学教育学会理事、"Journal of Adolescence" Editorial Board委員、公益財団法人電通育英会大学生調査アドバイザー、学校法人河合塾教育研究開発本部研究顧問、文部科学省各委員、大学の外部評価・中学・高等学校の指導委員等。日本青年心理学会学会賞受賞。

■専門

専門は、心理学（現代青年期、自己・アイデンティティ形成、自己の分権化）と教育実践研究（生徒学生の学びと成長、アクティブラーニング、学校から仕事・社会へのトランジション、キャリア教育等）。

■主な著書

『自己形成の心理学―他者の森をかけ抜けて自己になる』（2008世界思想社、単著）、『現代青年期の心理学―適応から自己形成の時代へ』（2010有斐閣選書、単著）、『自己の心理学を学ぶ人のために』（2012世界思想社、共編）、『アクティブラーニングと教授学習パラダイムの転換』（2014東信堂、単著）、『高校･大学から仕事へのトランジション』（2014ナカニシヤ出版、共編）、『アクティブラーニング･シリーズ』全7巻監修（2016～2017東信堂）、『アクティブラーニング型授業の基本形と生徒の身体性』（2018東信堂、単著）、『学習とパーソナリティ―「あの子はおとなしいけど成績はいいんですよね！」をどう見るか』（2018東信堂、単著）、『社会に生きる個性―自己と他者・拡張的パーソナリティ・エージェンシー』（2020東信堂、単著）『高大接続の本質－どんな高校生が大学、社会で成長するのか2』（2018学事出版、責任編集）等多数。

高校生の学びと成長に向けた「大学選び」

――偏差値もうまく利用する　〔検印省略〕

2021年8月30日　初　版第1刷発行　＊定価はカバーに表示してあります。
2021年10月25日　初　版第2刷発行

著者©溝上慎一（株式会社みぞかみラボ）　発行者／下田勝司　印刷・製本／中央精版印刷株式会社

東京都文京区向丘1-20-6　郵便振替00110-6-37828
〒113-0023　TEL（03）3818-5521　FAX（03）3818-5514

発行所　株式会社東信堂

Published by TOSHINDO PUBLISHING CO., LTD.
1-20-6, Mukougaoka, Bunkyo-ku, Tokyo, 113-0023 Japan
E-Mail: tk203444@fsinet.or.jp　http://www.toshindo-pub.com

ISBN978-4-7989-1726-9 C0237

東信堂

グローバル化、デジタル化で教育、社会は変わる	ホーン川嶋瑶子編著	二六〇〇円
スタンフォード 21世紀を創る大学	ホーン川嶋瑶子	二五〇〇円
大学教育とジェンダー―ジェンダーはアメリカの大学をどう変革したか	ホーン川嶋瑶子	三六〇〇円
大学の組織とガバナンス―高等教育研究論集第1巻	羽田貴史	三五〇〇円
科学技術社会と大学の倫理―高等教育研究論集第4巻	羽田貴史	三二〇〇円
2040年 大学よ甦れ―カギは自律的改革と創造的連帯にある	田中弘允・佐藤博明・田原博人 著	二四〇〇円
検証 国立大学法人化と大学の責任―その制定過程と大学自立への構想	田中弘允・佐藤博明・田原博人 著	三七〇〇円
2040年 大学教育の展望―21世紀型学習成果をベースに	山田礼子	二八〇〇円
高等教育の質とその評価―日本と世界	山田礼子編著	二八〇〇円
学生参加による高等教育の質保証	山田勉	二四〇〇円
国立大学職員の人事システム―管理職への昇進と能力開発	渡辺恵子	四二〇〇円
国立大学法人の形成	大﨑仁	二六〇〇円
国立大学・法人化の行方―自立と格差のはざまで	天野郁夫	三六〇〇円
日本の大学経営―自律的・協働的改革をめざして	両角亜希子	三九〇〇円
私立大学の経営と拡大・再編―一九八〇年代後半以降の動態	両角亜希子	四二〇〇円
学長リーダーシップの条件	両角亜希子編著	二六〇〇円
教職協働による大学改革の軌跡	村上雅人	二四〇〇円
大学経営・政策入門	東京大学 大学経営・政策コース編	二四〇〇円
大学経営とマネジメント	新藤豊久	二五〇〇円
大学教学マネジメントの自律的構築―主体的学びへの大学創造二〇年史	関西国際大学編	二八〇〇円
学修成果への挑戦―地方大学からの教育改革	濱名篤	二四〇〇円
「書く」ことによる学生の自己形成―文章表現「パーソナル・ライティング」の実践を通して	谷美奈	二四〇〇円
大学におけるライティング支援―どのように〈書く力〉を伸ばすか	関西大学ライティングラボ・津田塾大学ライティングセンター編	二四〇〇円
グローバルに問われる日本の大学教育成果	加藤真紀・喜始照宣 著	二八〇〇円
長期学外学修のデザインと実践―学生をアクティブにする	澤邉潤・木村裕斗・松井克浩 編著	三二〇〇円
エビデンスの時代のFD：現在から未来への架橋	林透・深野政之・山崎慎一・大関智史 訳	二八〇〇円

〒113-0023 東京都文京区向丘 1-20-6　TEL 03-3818-5521　FAX03-3818-5514　振替 00110-6-37828
Email tk203444@fsinet.or.jp　URL:http://www.toshindo-pub.com/

※定価：表示価格（本体）＋税

東信堂

東信堂ブックレット

①迫りくる危機『日本型福祉国家』の崩壊 —北海道辺境の小規模自治体から見る	北島 滋	一〇〇〇円
②教育学って何だろう —受け身を捨てて自律する	福田誠治	一〇〇〇円
③北欧の学校教育とWell-being —PISAが語る子どもたちの幸せ感	福田誠治	一〇〇〇円
④CEFR《セファール》って何だ —インクルーシブな語学教育	福田誠治	九〇〇円

ネオリベラル期教育の思想と構造 —書き換えられた教育の原理	福田誠治	六二〇〇円
世界の外国人学校	福田誠治・末藤美津子 編著	三八〇〇円
アメリカ 間違いがまかり通っている時代 —公立学校の企業型改革への批判と解決法	D・ラヴィッチ著 末藤美津子訳	三八〇〇円
教育による社会的正義の実現—アメリカの挑戦（1945-1980）	D・ラヴィッチ著 末藤美津子訳	五六〇〇円
学校改革抗争の100年—20世紀アメリカ教育史	D・ラヴィッチ著 末藤・宮本・佐藤訳	六四〇〇円
アメリカ教育例外主義の終焉 —変貌する教育改革政治	青木栄一監訳	三六〇〇円
文部科学省の解剖	青木栄一編著	三二〇〇円
世界のテスト・ガバナンス —日本の学力テストの行く末を探る	北野秋男・佐藤 仁 編著	三二〇〇円
現代学力テスト批判 —実態調査・思想・認識論からのアプローチ	北野秋男・下司 晶・小笠原喜康	二七〇〇円
ポストドクター—若手研究者養成の現状と課題	北野秋男	三六〇〇円
日本のティーチング・アシスタント制度 —大学教育の改善と人的資源の活用	北野秋男編著	二八〇〇円
現代アメリカの教育アセスメント行政の展開 —マサチューセッツ州（MCASテスト）を中心に	北野秋男編	四八〇〇円
現代アメリカ貧困地域の市民性教育改革 —教室・学校・地域の連関の創造	古田雄一	四二〇〇円

〒113-0023 東京都文京区向丘 1-20-6 TEL 03-3818-5521 FAX03-3818-5514 振替 00110-6-37828
Email tk203444@fsinet.or.jp URL:http://www.toshindo-pub.com/

※定価：表示価格（本体）＋税

東信堂